スポーツイベント
検定
公式テキスト

監修　・日本イベント産業振興協会（JACE）
　　　・新版スポーツイベント検定公式テキスト制作委員会

スポーツイベントの企画・運営に携わる人のための教科書

スポーツイベントに関するマネジメントや
マーケティング、最新テクノロジーを学べる一冊

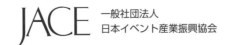

JACE　一般社団法人
日本イベント産業振興協会

はじめに

　この度、一般社団法人日本イベント産業振興協会（JACE）の「スポーツイベント検定公式テキスト」の改定版を出版する運びとなりました。スポーツ庁は発足当時から「スポーツの力」を通した社会変革の推進を謳っていますが、「スポーツの力」を具現化するのがスポーツイベントであると言っても過言ではありません。2011年の東日本大震災からの復興でもスポーツイベントが重要な役割を果たしたことは記憶に新しいところです。

　新型コロナウイルス感染症（COVID-19）が世界中に蔓延する中、世紀の祭典「2020年東京オリンピック・パラリンピック競技大会」が延期され、その影響で生涯スポーツイベントの「ワールドマスターズゲームズ2021関西」も1年間の延期が決まるなど、スポーツ界にとどまらず広く社会に多大な影響を与えています。

　スポーツイベントは、スポーツマネジメント・スポーツマーケティングのコア・コンテンツとして必要不可欠な応用科学の研究対象であり、社会情勢の変化や先端技術の革新によって進化と深化を続けています。東日本大震災の年に発刊された本書をこの度改定するにあたり、新版スポーツイベント検定公式テキスト制作委員会と改定版の構成と内容および執筆者の選定について、じっくり時間をかけて詰めました。前任者の意図と足跡を踏襲しつつ最新の知見に基づき、スポーツイベントに特化する方向でほぼ全面的に内容を刷新することとしました。

　本書ではスポーツイベントを学習する上で重要な領域をできるだけ網羅するように努めるとともに、スポーツイベントの実践者にとって有益なものになるように、各分野で活躍している中堅・若手の研究者・実践者に執筆をお願いしました。また、内容の理解を深めるために図表や写真を適宜挿入しています。大学および専門学校の講座は、通常15週で開講されることを踏まえて、15回の講義となるように本書を構成しました。さらに最新トピックに関してはコラムで紹介しています。

　本書が、スポーツイベントの企画・運営を目指す学生や現場で活躍する方々に、「とっておきの1冊」となることを期待しています。本書の内容に対する忌憚のないご意見やご批判、ご感想をお聞かせ願えれば幸いです。

　最後に、本書を出版するにあたり、企画から広範な編集作業まで精力的に推進してくださったJACEの松尾良太常務理事とUDジャパンに心より感謝の意を表します。

2020年12月
野川春夫

順天堂大学 名誉教授
武庫川女子大学 学術顧問

目次

第2章　スポーツイベントのマネジメント

第3章　スポーツイベントのマーケティング

第8節　スポーツイベントのマーケティング ……… 96

第4章　スポーツイベントの発展性・可能性

テキスト内のイベントに関するデータ等の表記に関して特に記載のない場合は、2021 年 1 月時点の情報で記載しています。

第 32 回オリンピック競技大会（2020/ 東京）に関して、本テキストでは、行政やメディア等でも一般的に使用されている「2020 年東京オリンピック・パラリンピック競技大会」（略称「2020 年東京大会」）と表記しております。

第1章

スポーツイベントを学ぶにあたって

第1節　スポーツイベントとは

▦1−1　スポーツイベントとは

（1）スポーツとイベント

　イベントとは、「何らかの目的を達成するための手段として行う行・催事である。」と旧通商産業省（現・経済産業省）の「イベント研究会」が定義している。イベントの目的の一つは、プロモーションであることから、**スポーツイベントは「スポーツを通して何らかの目的を達成するために開催される」**ものである。また、イベント固有の機能はコミュニケーションであり、イベント主催者と参加者の双方向・直接コミュニケーション機能を持っていることから、スポーツイベントは、同じスポーツに興味・関心を抱く競技者や観戦者を集めて、開催に必要な環境を整備するものである。したがって、スポーツ基本法におけるスポーツの意義を具現化することができると考えられる（『スポーツイベントで社会を元気に』2014）。

　また、スポーツイベントは、ルールに基づき身体的能力・技術を競い合うための機会を組織化し、それらの本質的要素が最も顕在化される場ともいわれている（笹川スポーツ財団 2011）。オリンピック・パラリンピックや各種目のワールドカップのようなトップアスリートのみが参加する**メガスポーツイベント**から、誰もが参加できる町内運動会やウォーキングイベントのような**生涯スポーツイベント**まで非常に幅広いものである。『スポーツ白書』（笹川スポーツ財団 2017）は、スポーツイベントを、開催する「目的」「種目」「規模」によって分類している（**図表 1-1** 参照）。

（2）スポーツの定義

　スポーツの語源はラテン語のデポルターレ（deportare）という説があり、その意味は気晴らしや遊びであった。気晴らしや遊びであったスポーツは貴族などの上流階級によって継承され、英国パブリックスクール（オックスフォード大学やケンブリッジ大学等の私学）や米国の大学（アイビーリーグなど）にお

図表 1-1　スポーツイベントの分類と主な大会例

	トップスポーツイベント		生涯スポーツイベント	
	総合種目開催型	種目別開催型	総合種目開催型	種目別開催型
国際レベル	オリンピック パラリンピック ユースオリンピック デフリンピック ワールドゲームズ	FIFA ワールドカップ ラグビーワールドカップ 世界陸上競技選手権 ツール・ド・フランス レッドブル・エアレース・ワールドシリーズ	ワールドマスターズゲームズ ワールドスポーツ・フォー・オールゲームズ スペシャルオリンピックス 世界移植者スポーツ大会	東京マラソン 世界マスターズ柔道選手権 世界マスターズ水泳選手権 佐渡国際トライアスロン大会
複数国レベル	アジア競技大会 パン・パシフィック選手権 アジア・パラ競技大会 コモンウェルスゲームズ	東アジア女子サッカー選手権 四大陸フィギュアスケート選手権 アジアシリーズ（野球） ヨーロッパ水泳選手権	国際チャレンジデー パンパシフィック・マスターズゲーム アジア太平洋ろう者スポーツ大会	アジアジュニア親善ゴルフ大会 アジアマスターズ陸上競技選手権大会 日韓交流少年野球大会
全国レベル	国民体育大会 全日本学生選手権 全国高等学校総合体育大会 全国中学校体育大会	大相撲 日本ラグビーフットボール選手権大会 全国高等学校野球選手権大会 全日本体操競技選手権大会	全国障害者スポーツ大会 日本スポーツマスターズ ねんりんピック コーポレートゲームズ	日本スリーデーマーチ 全日本世代交流ゲートボール大会 全国ママさんバレーボール大会 スイーツマラソン
地域レベル	国民体育大会予選 全日本学生選手権予選 全国高等学校総合体育大会予選 全国中学校体育大会予選	東京六大学リーグ 関東大学ラグビーリーグ 関西学生サッカーリーグ 東京箱根間往復大学駅伝競走	県スポーツレクリエーション祭 都民体育大会 都市間交流スポーツ大会	九州少年ラグビー交歓会 都市親善ジュニアスキー大会 市民スポーツ大会（各種）

▶ 出典：笹川スポーツ財団 2017

いて、社会のエリート育成や青少年教育のツールとして社会的な役割と機能を持つようになった。

　日本のスポーツ政策の基礎となる法律は、**スポーツ振興法**（1961 年）と**スポーツ基本法**（2011 年）である。そして、それぞれの法律において、スポーツが定義されている。従来のスポーツの定義は、「勝ち負けを争う（競争）、ルールが統一化（制度化）された、大筋群の身体活動を伴うゲーム」である。ちなみにゲームとは、遊びを伴う競争であるが、ルールは参加者によって自由に決められる。スポーツ基本法のスポーツの定義は広義に解釈され、従来の「競争」や「ルール」を伴わないウォーキングや、「大筋群の身体活動」を伴わない**e スポーツ**もスポーツの範疇に入れている。

| 図表 1-2 | 法律上のスポーツの定義 |

> 1．**スポーツ振興法**：「スポーツ」とは、運動競技及び身体運動（キャンプ活動その他の野外活動を含む。）であつて、心身の健全な発達を図るためにされるものをいう。
> 2．**スポーツ基本法**：スポーツは、心身の健全な発達、健康及び体力の保持増進、精神的な充足感の獲得、自律心その他の精神の涵養等のために個人又は集団で行われる運動競技その他の身体活動。

（3）スポーツイベントの構成要素

　スポーツイベントの構成要素には「4間」がある。4間とは、「時間」「空間」「仲間」「手間」の4つの「間」を指す。

1）時間（いつ：開催時期・開催時間）

　スポーツイベントでは集客力が重視される。プロ野球やJリーグ等の「みる」スポーツイベントは、観客が最も入場しやすい曜日や時間帯などが考慮されて設定される。また、スタジアムやアリーナに直接行けない、あるいは行かないファンや視聴者にとっての観戦・視聴しやすい「時間帯」の設定が、スポンサーと関係する視聴率にとって重要となる。具体的には、平日のスポーツイベントは夜の時間帯（終業時間後で、かつ遅くなりすぎない⇒最終電車に乗り遅れない時間帯）、週末は午後あるいは夕方から晩の早い時間帯となる。これに対して、「する」スポーツイベントでは、平日よりも週末の午前から午後の時間帯が参加しやすいことは自明の理である。

　「みる」スポーツイベントでは、クオリティの高いパフォーマンスや試合が求められることから、アスリートがハイレベルなパフォーマンスを発揮できる時間帯（サーカディアン・リズムによって午後5時から9時頃まで）に試合が設定されることが伝統的に続いている。例えば、プロ野球のナイトゲーム、サッカーのカップ戦、ヨーロッパで人気のある陸上競技会「トワイライト・ゲーム」等がこの時間帯に設定されている。ただし、平日に開催される場合には、多少開催時間を遅らせる（19時ではなく19時半にする）など、終業時間を考慮した時間設定にしなくてはならない。

２）空間（どこで：場所・施設等）

　スポーツイベントには、アリーナやスタジアム等のスポーツ施設の「空間」が必須である。空間となるスポーツ施設は、イベントの規模や形態によって求められる大きさや必要な施設・器具が異なる。スポーツイベントに求められる空間は、イベントに出場するアスリートの最高のパフォーマンスを引き出す舞台装置であると同時に、イベントをライブ観戦する観客やテレビやインターネット等でメディア観戦する視聴者にとっても「見えやすく」「見栄えする」空間が求められる。

　スポーツイベントを開催する際には、参加者にとって交通の便やアクセスのよい場所という利便性が重要となる。また、ラグビーワールドカップやオリンピックなどのメガイベントでは、大人数の観客が押し寄せることから、近隣への配慮が必要である。

　スポーツイベントに求められる空間とは、参加者や観戦者だけでなく、イベントの運営者やスポンサーなどの**ステークホルダー**といったイベントに携わる全ての人が満足できる場所である。

３）仲間（誰と・誰に・誰を：ステークホルダー）

　スポーツイベントを円滑に企画・運営するためには、イベント業務管理者だけの力では成功できない。FIFA ワールドカップに代表される「見る／魅せる」スポーツイベントでは、イベントの**コンテンツ**となる参加チーム、参加選手の出場を確保することが重要となる。また、東京マラソンのようなトップアスリートと一般ランナーが３万人以上集うイベントにも、「目玉」となるアスリートの出場がスポーツイベントを盛り上げる。そして、これらのイベントを放映・放送・報道するメディア担当者とも良好な関係を築く必要がある。

　また、イベント会場の管理運営に携わる担当者やボランティア、イベントの競技役員などとの協力関係も不可欠である。更に、スポーツイベントはゴミや騒音、駐車違反などの迷惑問題を開催地にもたらすため、開催地の商工会や自治会、町内会、保健所、警察などとも良好な関係づくりが必須であり、これらの組織・人々をステークホルダーと捉え、良好な連帯感を構築することが求められる。

4）手間（何を⇒どのように）

　スポーツイベントをより多くの人に参加・観戦してもらうためには、多方面にわたって手間をかける必要がある。イベントに携わる者は、**エンドユーザー**となるイベント参加者や来場者、**スポンサー**となるステークホルダーを満足させるために、考え付くいろいろな手間を創意工夫することが求められる。
　スポーツイベントに必要な手間をいくつか紹介する。会場担当であれば、イベント会場内外の清掃状態やトイレ・水回りの清潔性の確保、来場者が気持ちよく円滑に入退場できる応対、ゴミの収集や避難経路などが一目でわかる場内標示（デジタルサイネージ）などや、また来場者が試合開始前や試合終了後に

図表 1-3　スポーツイベントの4間（よんま）とは

時間 （いつ）	空間 （どこで）	仲間 （誰と・誰に・誰を）	手間 （どのように）
シーズン （四季）	公共施設・民間施設	参加者	アメニティ （清潔性・消臭性）
月：上旬、中旬、下旬	専用施設・共用施設	観戦者・視聴者	利便性 （立地・交通手段）
平日・週末・祭日	自然施設・人工施設	イベント業務管理者	安全性 （リスク・クライシス管理）
曜日	屋内施設・屋外施設	ボランティア・アルバイト	円滑性 （イベント運営）
時間 （開始時間・終了時間）	観客席の有無	施設管理者	周知性・時間帯 （広報・宣伝）
活動時間	収容人数（規模）	主催者・共催者	親切性 （案内・看板・標示）
	付帯施設	協賛者・スポンサー	新鮮性・意外性
		施設周辺の住民	共有性・共感性
		施設周辺の商業施設	安心性 （セキュリティ）
		公共交通機関	即時性
		警察・病院・保健所等	

滞留できる場の創出に手間をかける。競技担当であれば、円滑な試合実施だけでなく、選手の導線や更衣室、選手・チームの試合前の練習スペースの確保、メディアの待機場所や導線、選手とメディアとの接触場所（インタビュースペース）の確保やVIPや審判の対応などがあり、そして選手や審判、VIP、来場者を含めたセキュリティは非常に重要である。加えて意外と軽んじられがちだが、スタッフのお弁当などの飲食も重要である。また、イベントのスポンサーに対しても、イベントを支援したことへの見返りとなる権利を明確にし、単に看板の掲載だけでなくマーケティング活動の実施やホスピタリティスペースの使用、付加価値チケットの活用など、スポンサー企業が支援したことでイベントを最大限に活用できるようなシステムを確立することも重要である。

　イベントにおいて企画・運営を安心・安全に実施・展開するには、イベントに携わるイベント業務管理者やイベントボランティアが中心になって知恵を絞り、手間を効率的・効果的にかける必要がある。

（4）スポーツイベントの効果

　スポーツイベントには、「**地域経済効果**」「**社会資本効果**」「**スポーツ文化効果**」「**健康福祉効果**」という4つの効果がある。

1）地域経済効果

　『2019年イベント消費規模推計報告書』（一般社団法人イベント産業振興協会 2020）によると、スポーツイベントの2019年の消費規模は2兆4,339億円でありイベント消費規模全体の17兆4,890億円のうち約14％を占めるなど、大きな経済効果がある。スポーツイベントビジネスの転換点は、1984年オリンピック・ロサンゼルス大会である。ロサンゼルス市民の83％に開催を反対されたことで、アメリカ合衆国政府、カリフォルニア州およびロサンゼルス市から1ドルの補助も受けずに、初めて全費用を民間資本の導入によって開催されたイベントである。この大会の成功により、メガスポーツイベントによる地域経済効果と「権利ビジネス」が注目されるようになった。

　地域経済効果としては、スポーツイベントへの参加者や観戦者の飲食や購買行動などの消費活動だけでなく、スポーツ施設（スポーツ公園等）のインフラ整備に伴う地域業者への経済効果、観光産業への効果などが含まれる。スポーツイベントの規模が大きくなるほど地域経済効果は大きくなる。

2）社会資本効果

　社会資本効果とは、スポーツイベントに伴う生活基盤（道路整備など）およびスポーツ施設の整備拡充等の有形社会資本への効果に加え、地域コミュニティへの愛着心（コミュニティモラール）の向上、ボランティアの醸成・育成、開催地住民同士の交流、地域へのアイデンティティの醸成等の**無形社会資本（ソーシャルキャピタル）**の向上効果が挙げられる。特に、地域コミュニティの再生に欠かせない人材育成には、スポーツイベントはうってつけの仕掛けとなっている。

　イベントを実施する際には、開催環境を整えることになることから、そのプロセスにおいては、様々な社会的効果が生まれるのである。例えば、今日のイベント開催においては、ボランティアスタッフは欠かせないものとなっているが、ボランティア活動に参加することによって地域（国）へのアイデンティティが高まったり、コミュニティが再生されたりする。また、活動における様々な経験を通して、地域住民の交流が生まれるだけでなく、地域の人材を掘り起こし、青少年の育成に貢献する。そして、海外からの参加者や観戦者を受け入れることによって、オフィシャル・アンオフィシャルを問わず、国際交流が広がり、地域に根付くことも旧中津江村[※1]等で実証されている。

3）スポーツ文化効果

　スポーツイベントの開催により、地域住民のスポーツへの興味関心を高め、**「みるスポーツ」**の振興だけでなく、**「するスポーツ」**実施率の向上、ボランティアとしてイベントに参加し**「ささえるスポーツ」**の一翼を担う人材を輩出する効果もある。一流選手やチームのパフォーマンスを目の当たりにすることで、子どもたちのスポーツへの関心が高まり、アクティブなライフスタイル形成に寄与することは、ラグビーワールドカップ2019日本大会の代表チームの合宿地・練習場となった地域から発信されている。

　また、**SDGs**[※2]の項目である「まちづくり」や「教育」にも影響を与える。地域文化の創造や開催地の知名度向上、都市経営戦略、スポーツ参加促進といった効果も生まれるのである。イベントを開催する際には、スポーツ施設を建設するだけでなく、道路や商業施設などの街の基盤整備が行われる。また、開催

※1　旧中津江村：2002 FIFA ワールドカップ・日韓大会時に、カメルーンチームのキャンプ地となった大分県の一地域（現・日田市中津江村）。大会後もカメルーンとの交流が続いている。

※2　SDGs：2030 年までに持続可能でよりよい社会の実現を目指す、世界共通の目標。「誰一人取り残さない」という理念の下、17 の目標と 169 のターゲットから構成される。「持続可能な開発目標」。

地として地名がメディアなどで呼ばれることにより、開催地の知名度も幅広く向上するだろう。これらのことが、都市の整備や、新たな地域文化の創造へとつながっていく。また、準備をするプロセスにおいては、地域の名所・旧跡といった正の遺産や、逆に不法投棄などのゴミや路上駐車といった負の遺産などへの気づきの機会となり、倫理観の醸成の場となる。すなわち教育的な効果が生まれるのである。

4）健康福祉効果

　スポーツイベントの効果で見落とされるのが健康福祉効果である。参加型スポーツイベントは、参加者の健康体力の維持増進に寄与する。特に、社会的なネットワークが限定的になりがちな高齢者にとっては身体だけでなく社会的・心理的な健康づくりにスポーツイベントは貢献する。スポーツイベントは個人的なレベルの健康づくりにとどまらず、地域社会の健康づくりにも貢献するといわれている。教育的効果として、スポーツイベントにおける負の側面ともいわれる不法投棄やゴミ問題および違法路上駐車などへの気づきの機会になるということも、その一例である。

　通常注目されるのは「みるスポーツ」になり得るようなイベントだが、「するスポーツ」である生涯スポーツイベントには、前者にない魅力がある。医療費の高騰や少子高齢化といった問題がある一方で、健康志向が高まっている今日においては、うってつけである。生涯スポーツの参加資格は緩く、様々なレベルや年齢に門戸が開かれていることから、そのようなスポーツイベントは自己実現の場となるとともに、身体活動を始めるきっかけにもなる。例えば、今までほとんどランニングなどしていなかった人が軽い気持ちで東京マラソンに応募し当選すると、大会で完走するためにランニングが日課になったりするのである。また、観戦型スポーツイベントでは、先述のラグビーワールドカップ 2019 における大会開催地において様々な効果があった。ラグビー体験会を実施することによって、大会開催地を中心に 29,000 人の中学生以下の子どもたちがラグビーを初めて体験している。また、「居住している地域がラグビーワールドカップ 2019 と関係しているため」という理由で 15％以上の人たちが観戦している。そして、開催地にはファンゾーンが設置されたが、ここでは単に試合を観戦するだけでなく、開催地それぞれの地域の持ち味を生かしたプログラムが提供され、地域の発信拠点にもなっている（ラグビーワールドカップ 2019™ 日本大会 大会成果分析レポート 2019）。

⊞ 1－2　スポーツイベントのマネジメント

（1）スポーツイベントにおけるマネジメントの必要性

　本節の冒頭でも述べたように、イベントは何らかの目的を達成するための「手段」である。したがって、そのイベントが持つ資源を有効活用し、目的を達成させるためには、効果と効率を最大化するためのマネジメントが必要となってくる。詳しくは第2章で述べるが、そのためには、①目的を明確化すること、②重点対象者を絞り込むこと、③イベントのテーマを設定しコンセプトを明確化すること、④目的に合ったプログラム内容を策定すること、⑤広報範囲や時期、期間、媒体の選定といった広報戦略を策定すること、⑥予算や財源の獲得などが求められる。

（2）現代におけるスポーツとの関わり方

　現代におけるスポーツとの関わり方は、自分が実施することだけではない。スポーツを観戦すること、また、スポーツに関するボランティア活動に参加することもスポーツとの関わり方の一つであり、非常に多様化している。すなわち、「するスポーツ」「みるスポーツ」「ささえるスポーツ」という3つの側面が存在するのである。

図表 1-4　スポーツとの関わり方の関係性

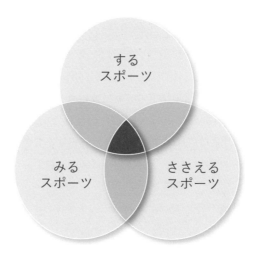

　では、スポーツイベントでの人々のスポーツへの関わり方はどのようなものであろうか。選手として出場する場合は、「するスポーツ」となる。また、試合を観に行く場合は「みるスポーツ」であろう。そして、そのスポーツイベントを**スポンサード**したり、運営やボランティア活動をする場合は「ささえるスポーツ」となる。したがって、スポーツイベントは 3 分類の全てが交わりあった部分に位置することとなる（**図表 1-4** 参照）。**図表 1-5** の写真からも、その状態がわかるだろう。また、ビジネスと身体運動という異質な領域が、スポーツでは同時に行われることも見てとれる。

図表 1-5　スポーツとの関わり方の 3 分類

　また、**スポーツイベントでは**、お金を払うエンドユーザーの中にも、①スポーツファン（観客・視聴者・読者等の生活者）、②メディア（放送局・新聞社など）、③スポンサー（広告主など）という、利害が異なる 3 者が存在している点も注意すべきであろう。

（3）スポーツビジネスの特徴

　スポーツイベントでは、スポーツを「競技」と同時に「商品」として捉え、「産業化」を図らなくてはならない。したがって、自分がスポーツをするのであればやりたいものをやればよいが、スポーツイベントでは、売れるものをやらな

くてはならない。すなわち、みんなが観たいと思うような売れるイベントをつくらなくてはならない。

　また、製品の売買（プロダクトマーケティング）の場合には、車ならば試乗、衣料品ならば試着、飲食料品ならば試食・試飲を行い、内容を確認してから購入することができるが、スポーツマーケティングの場合は、観客として入場券を購入する際もオリンピックのように巨額になる**テレビ放映権**の販売時にも、商品・サービスが出来上がっていない時点で、ビジネスが完了する。したがって、スポーツイベントは、信頼と保障によって成り立っているということを忘れてはならない。

　そして、スポーツイベントを開催する際に難しいのは、スポーツにおける商品は、情緒的・主観的なものであるため、感じ方や評価は個人によって大きく異なる（西野 2018）という点である。例えばプロスポーツ観戦においては、「有名な選手を見たい！」という者もいれば、「競技自体を堪能したい！」という人もいる。また、「仲間と一緒に応援したい！」「ストレス発散をしたい！」というような、スポーツ試合をコミュニケーションツールとする者もいるだろう。スポーツイベントの楽しみ方が多様化している中で、多くの観戦者を満足させるのは容易なことではない。「するスポーツ」の場合でも、「みるスポーツ」の場合でも、消費者は無意識に、自分のニーズを満たすベネフィットを求めている。ベネフィットを提供することができなければ、そのスポーツイベントは成功とはいえないであろう。

　また、消費者の望むベネフィットを提供することができて初めて、消費者は対価を支払い、ビジネスが成立する。したがって、イベント主催者と消費者の関係は、同等の価値を交換することであることから、この関係を交換理論で説明することができる。

図表 1-6　イベント主催者と消費者の関係

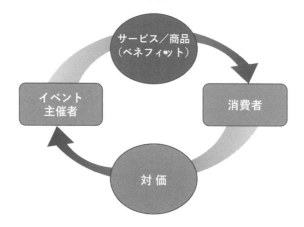

▦1－3　スポーツイベントの変化

　2020 年夏には、2020 年東京オリンピック・パラリンピック競技大会が開催されるはずであった。だが、新型コロナウイルス感染症（COVID-19）拡大の影響を受けて、2021 年 1 月現在、2021 年開催へと延期となっている。他にも、プロ野球や J リーグといったプロスポーツにとどまらず、かごしま国体、インターハイや高校野球のような学生スポーツまで、ほぼ全スポーツイベントが中止、または開催方法を縮小して行うなど、従来の方法では開催できなくなった。

　「緊急事態宣言」時においても外出を妨げないものは、「生活の維持に必要な場合」として、①医療機関への通院、②生活必需品の買い物、③必要不可欠な職場への出勤、そして④健康維持のための散歩やジョギングの 4 点とした（内閣官房資料 2020）。しかしながら、スポーツイベントは「密集」「密接」「密閉」の「3 密」が発生することを理由に許されていない。緊急事態宣言が取り下げられた後も、スポーツを含むイベント開催には大幅な変更が求められている。

　そのような中で、2020 年 5 月、公益財団法人日本スポーツ協会がスポーツ庁指導の下、「スポーツイベントの再開に向けた感染拡大予防ガイドライン」を発表した。このガイドラインが、スポーツイベントを開催するために有用かは、本稿を執筆中では判断がつかないが、イベント開催・運営に国のガイドラインが必要な時代になったともいえる。

■ 引用・参考文献一覧 ■

● EY Japan HP「ラグビーワールドカップ 2019™日本大会 大会成果分析レポート」
　https://assets.ey.com/content/dam/ey-sites/ey-com/ja_jp/news/2020/pdf/ey-rugby-world-cup-2019-review-of-outcomes-j.pdf　2021 年 1 月現在
● 川西正志・野川春夫 編著『生涯スポーツ実践論：生涯スポーツを学ぶ人たちに 改訂 4 版』市村出版 2018 年
● 笹川スポーツ財団 編『スポーツ白書 2017 ～スポーツによるソーシャルイノベーション～』笹川スポーツ財団　2017 年
● 笹川スポーツ財団 編『スポーツ白書 ～スポーツが目指すべき未来～』笹川スポーツ財団 2011 年
● スポーツ庁 HP「政策」
　https://www.mext.go.jp/sports/b_menu/b004.htm　2021 年 1 月現在
● 西野努 著『スポーツマネジメント入門：プロリーグとスポーツイベントで学ぶ』産業能率大学出版部 2017 年
● 日本イベント産業振興協会 JACE ブレインネットワーク編『スポーツイベントで社会を元気に：チカラ解き放て』日本イベント産業振興協会 2014 年
● 日本イベント産業振興協会 編『2019 年イベント消費規模推計報告書』日本イベント産業振興協会 2020 年
● 日本スポーツ振興センター HP「スポーツ・インテグリティの保護・強化に関する業務」
　https://www.jpnsport.go.jp/corp/gyoumu/tabid/516/default.aspx　2021 年 1 月現在
● 間宮聡夫 著『スポーツビジネスの戦略と知恵：「メダルなき勝利者たち」への提言』ベースボール・マガジン社 1995 年
● 文部科学省 HP「スポーツ基本法リーフレット」
　https://www.mext.go.jp/sports/content/1310250_01.pdf　2021 年 1 月現在

第2節　スポーツイベントの歴史

　スポーツイベントには大別して観戦型イベントと参加型イベントがある。本
節では、観戦型イベントを中心に歴史的な変遷を紹介する。

▦ 2－1　西洋における近代以前のスポーツイベント

　スポーツ競技会が祭典として発展したと考えられているのが古代ギリシアや
ローマ時代である。古代ギリシアのミケーネ文明（紀元前 1600 ～ 1200 年頃）
ではボクシング、レスリング等の格闘技と徒競走、戦車競走（チャリオットレー
ス）の競技会が開催されていた。特に戦車競走は戦争時における貴族などの英
雄を称えた葬礼競技として開催され、その様子が描かれたミケーネの墓碑浮彫
（紀元前 16 世紀頃）や壺絵の図柄（紀元前 14、13 世紀頃）として残されている。
葬礼競技は、徐々に記念祭的なものに変容し、祭典競技として発展していった
と考えられる（真田 2001）。

　ギリシアでは、紀元前 6 世紀頃から各都市でスポーツ競技会を含む文化祭
が開催されていた。その代表的な競技祭がオリンピアを含む**4 大競技祭**である
（**図表 2-1** 参照）。スポーツ競技会への参加資格として「ギリシア市民」「参加
者は丸裸」と決められており、おおよそ 4 万人の観戦者は男性のみで既婚女
性は入場禁止であった。またスポーツ競技会では、野生の葉冠を賞とする神聖
競技会と、様々な物質的賞品が勝者に授与される賞金競技会に大別されていた
（真田 2001）。

　オリンピア競技祭は、短距離から中長距離の走競技、五種競技、跳躍、投競
技、レスリング、ボクシング、戦車競走に加え、総合格闘技のパンクラティオ
ンなどの総合スポーツイベントであった。紀元前 6 世紀頃には、競技祭優勝
者はその名誉から褒賞金や免税など様々な特典が与えられたが、紀元前 4 世
紀には様々な不正や贈賄が見られるようになった（真田 2001）。

　紀元前 146 年にローマ帝国による占領と統治が始まり、ギリシア人以外の
参加や素手の格闘技形式から剣闘士の決闘形式（敗北は死）に変容し、神聖競
技会ではなくなった。392 年にローマ帝国がキリスト教を国教と定めたことで、

異教禁止令によって第 293 回オリンピア競技祭が最後となった（日本オリンピック委員会 n.d.）。

図表 2-1　古代ギリシア 4 大競技祭

名称	開催 都市名	主催（地方）	主神	開催年	開催時期	競技種目	葉冠
オリンピア競技祭	オリンピア	エリス	ゼウス	紀元前 776 年 （4 年ごとの開催）	7 〜 8 月	裸体競技 馬競技	オリーブ
ピュティア競技祭	デルポイ	デルポイ	アポロン	紀元前 586 〜 582 年 （4 年ごとの開催）	7 〜 8 月	裸体競技 馬競技 音楽競技	月桂樹
イストミア競技祭	イストモス	コリントス	ポセイドン	紀元前 582 年 （隔年開催）	4 〜 7 月	裸体競技 馬競技	松の葉
ネメア競技祭	ネメア	クレオナイ （後にアルゴス）	ゼウス	紀元前 573 年 （隔年開催）	8 〜 9 月	裸体競技 馬競技	セロリ

▶ 出典：真田久 2001（筆者一部改変）

2 − 2　西洋における近代的スポーツイベント

　スポーツの発祥については世界中に痕跡や似たような遊びがある中で、ルールの成文化を進めた近代スポーツの形成がイギリスを起点に進んだ。17 世紀頃のイギリスには、貴族や地方地主たちの社交の場として会員制のクラブがあった。中には特定のスポーツを対象としたクラブもあり、1780 年から開催されているダービーステイクス（競馬）やクリケットなどは古くから試合が開催された記録が残されている。ゴルフでは、1744 年に史上最初の 13 か条ルールが設定されるなど、18 世紀には異なる地域同士でも対戦できる共通ルールが整備され始めた。

　18 世紀後半にはスポーツマンやスポーツウーマンが「身体を使って運動する人」と同義と捉えられ、19 世紀初頭には「スポーツをする」という動詞、1863 年には「スポーツ」という名詞がイギリスの辞書に登場した。「スポーツ」という名称は、船舶や列車の移動手段と通信技術の進歩に伴い世界中に拡散し始め、19 世紀は近代オリンピックの開催も含め、スポーツイベントが大きく発展した時代となった。その背景には、産業革命の技術革新により移動手段や情報伝達速度が向上し、**万国博覧会**や各種の国際イベントの開催が容易にでき

るようになったことがある。また、産業革命によって人口の都市集中化と労働者階級人口の増加が急速に進み、大衆の余暇時間活動に対する欲求がスポーツイベントや音楽イベントの開催・発展の後押しになったとも考えられる（**図表 2-2 参照**）。

図表 2-2　スポーツイベント黎明期

開催年	スポーツイベント名
1839	ヘンリー・ロイヤル・レガッタ（ボート）
1851	ロイヤル・ヨット・スコードロン主催ワイト島一周レース（ヨット） （第1回ロンドン万国博覧会の記念レースで、後のアメリカズカップ）
1860	全英オープン選手権（ゴルフ）
1871	FA カップ（サッカー）
1877	ウィンブルドン選手権（テニス）

▦ 2－3　近代オリンピックの誕生：スポーツルネサンス

1863 年にフランスの貴族の家に生まれた**ピエール・ド・クーベルタン**は、普仏戦争や帝政から共和政へ移行するなど混乱と疲弊期にあったフランスを立て直すためには、青少年教育や国の復興を担うリーダーとなる人材養成に取り組むべきと考えた。そこでイギリスのパブリック・スクールをモデルにスポーツと教育に取り組み、オリンピック開催による人材養成と国際理解、世界平和を目指すようになった。

クーベルタンは、1894 年のパリ国際アスレチック会議において 1896 年オリンピック・アテネ大会の開催を決定し、開催は 4 年ごと、開催地は固定しない、競技種目は近代スポーツ、**国際オリンピック委員会 (IOC)** の創設などを定めた。第 1 回大会の参加国は 14 か国、241 名の男性選手のみであった。1900 年オリンピック・パリ大会と 1904 年オリンピック・セントルイス大会は、資金難から万国博覧会の付属大会として開催された。

▓ 2 - 4　オリンピックイベントの変遷

　個人やチームの申し込みで参加できていたオリンピックは、1908 年オリンピック・ロンドン大会から大会規程が設定され、開催時期と開催日数が決められた。また、各国に国内オリンピック委員会（NOC）が組織され始め、NOC を通じての申し込み方法と人数制限に加え、参加資格をアマチュアに厳格化する等、イベントとしての体裁が整えられた。

　参加資格に関しては、女性競技部門の創設を正式認可（1928 年）、セックスチェックとドーピングチェックの導入（1968 年）、オリンピック憲章からアマチュア条項削除（1974 年）、プロ選手の一部解禁（1988 年）、プロ選手への門戸開放（1992 年）などの変遷がある。イベントの式典関連では、オリンピック専用競技場建設（1908 年）、公式記録映画の撮影（1912 年）、オリンピック旗の掲揚・降納・授受、宣誓等の整備（1920 年）、選手村設置（1924 年）、聖火の点灯（1928 年）、オリンピックパークの登場（1932 年）、聖火リレー（1936 年）、自然や環境保護対策（1972 年〜）などが挙げられる。2000 年以降は、近年では SDGs（持続可能な開発目標）もオリンピックイベントに求められている。

　オリンピックはテレビという映像メディアとともに成長してきたと言っても過言ではない。1948 年オリンピック・ロンドン大会からテレビの実況放送が開始され、1960 年には**テレビ放映権料**が発生し、衛星中継（1964 年）によるカラーでの海外配信も始まった。1980 年以降は過度な商業主義や放映権料の高騰、2000 年以降はインターネットとの共存（テレビ放送と同時のネット同時配信やライブ配信）等が重要な課題となっている。

　オリンピックとテクノロジーの関係は放送技術や撮影技術にとどまらず、写真判定の導入（1964 年）以降、ビデオ再生機による映像判定、そして近年では AI 技術とデジタル技術を融合させた**審判補助機器**が次々と登場している。サッカーイベントでの **VAR（Video Assistant Referee）**、テニスでの**ホークアイ**、高難度化した体操競技での審判補助が期待される **3D センシング**などへと発展している。

　スポーツに政治は介入すべきではないとされながら、その注目度の高さにより時にオリンピックは政治の影響や主義主張の場となることがあった。プロパガンダ化（1936 年）、政治的理由によるボイコット（中国：1956〜1980 年、アフリカ諸国：1976 年、西側諸国：1980 年、東側諸国：1984 年）、人権やマイノリティ問題（1968 年〜）、開催国の文化的特徴や社会問題などの式典における華美な演出（1990 年代〜）などはその代表的なものである。

図表 2-3　オリンピックの変遷

ステージ	大会名	イベント関連特記事項	エピソード
黎明期	アテネ（1896）〜ストックホルム（1912）	男性選手・個人競技のみの大会（1896） 万国博覧会付属大会からの脱却（1908） 大会規程の作成・NOC を通じて参加申し込み方式へ（1908） 参加資格はアマチュア（1908）	万国博覧会の付属大会として開催（1900、1904） キセル・マラソン（1904） マラソンの距離（42.195 km）が決定（1908） 日本選手団初参加（1912） 金栗四三選手の消えたアジア選手事件（1912）
確立期	アントワープ（1920）〜ベルリン（1936）	式典（開会式・閉会式・国旗掲揚・国歌斉唱・選手宣誓・メダル授与・聖火リレー等）の確立 五輪旗（1920） ラジオ放送の導入（1924） テレビ放映の実験（1936） スポーツイベントのプロパガンダ化（政治的宣伝利用）（1936）	第 1 次世界大戦からの復興五輪（1920） 選手村の設置（1924） 第 1 回冬季オリンピックの開催（1924） フィンランド陸上選手ヌルミがストップウォッチを見ながらのレース（1928） 女性の正式参加を認可（1928）
発展期	ロンドン（1948）〜東京（1964）	テレビの実況放送開始（1948） 放映権料の発生（1960） 衛星中継の開始（1964）	ブランデージ IOC 会長のアマチュア至上主義時代（1952 〜 1972） 中華人民共和国とソビエト連邦が参加（1952） 二つの中国（対台湾）への措置として中華人民共和国不参加（1956〜1980） 政治的理由によるボイコット・分断の始まり
混乱・対決期	メキシコ（1968）〜ソウル（1988）	アマチュアリズムの崩壊とプロ化の進行 ユベロスマジックの登場（各種の権利ビジネスの導入）（1984） 有料聖火リレー（1984） 女子種目の増加 テレビ放映権料の高騰 プロ選手の一部解禁（1988）	人種差別への抗議行動（1968） セックスチェックの導入（1968） ドーピングチェックの導入（1968） オリンピック村でのテロ事件（1972） オリンピック憲章からアマチュア条項が削除（1974） アパルトヘイトを理由にアフリカ諸国が不参加（1976） 加速する商業主義（赤字五輪から黒字五輪へ） 政治的分断の終結（1988）
拡張期	バルセロナ（1992）〜アトランタ（1996）	プロ選手への門戸開放（1992） 開催国の文化的特徴・社会問題などを開会式で華麗に演出 女性選手の参加が急増	米国バスケットボールのドリームチーム登場（1992） サマランチ五輪（1992） コカ・コーラ五輪（1996） オリンピック公園内のテロ事件（1996）
レガシー期	シドニー（2000）〜東京（2020）	セキュリティ対策の必要性 インターネットとの共存 先端技術の導入による記録更新（高速水着、厚底シューズ、フラップスケート） アーバンスポーツ種目（若者向け）の採用 審判補助機器の導入（VAR、ホークアイ、3D センシング等）	成熟都市のインフラ基盤再整備 環境問題・SDGs への配慮 ドーピング・八百長・不正行為などに対するインテグリティの登場 ロシア選手団の出場停止（2016、2018）

░2－5　世界選手権の登場

　スポーツイベントは、テニスとゴルフが先駆けとなって近代オリンピック以前から国際化されていた。また、プロ選手の出場もオリンピックより20年早く解禁されていた（**図表2-4**参照）。

　国別対抗戦形式の種目別世界選手権が始まったのは体操競技からだが、ワールドカップの名称はサッカーによって広まった。世界選手権あるいはワールドカップがサッカー以外に注目されるようになったのは、1980年オリンピック・モスクワ大会以降である。世界陸上競技選手権大会を皮切りにラグビーワールドカップや野球のWBC（2006年）などが次々に誕生している（**図表2-5**参照）。

図表 2-4　テニス世界4大大会（グランドスラム）

大会名	第1回大会・開催月・プロ化	大会会場（サーフェス）	賞金総額
ウィンブルドン選手権	男子：1877年　女子：1884年 6月最終月曜日から2週間開催 プロ選手の参加は1968年から	オールイングランド・ローンテニス・アンド・クローケー・クラブ（天然芝コート）	£ 38,000,000
全米オープン	男子：1881年　女子：1887年 8月最終月曜日から2週間開催 プロ選手の参加は1968年から	USTA ビリー・ジーン・キング・ナショナル・テニス・センター（ハードコート）	US$ 53,402,000
全仏オープン	男子：1891年　女子：1897年 5月末から6月初め開催 プロ選手の参加は1968年から	スタッド・ローラン・ギャロス（赤土クレーコート）	€ 42,661,000
全豪オープン	男子：1905年　女子：1922年 1月開催 プロ選手の参加は1969年から	ロッド・レーバー・アリーナ マーガレット・コート・アリーナ（ハードコート）	A$ 71,000.000

図表 2-5　種目別世界選手権

体操競技	FIG 世界体操競技選手権　男子：1903年　女子：1934年 2年ごと開催が、2001年からオリンピック開催年以外は毎年開催
サッカー	FIFA ワールドカップ：1930年　4年ごと開催 FIFA クラブワールドカップ：2000年　2005〜2019年は毎年開催
バレーボール	FIVB バレーボール世界選手権　男子：1949年　女子：1952年 1964年以降4年ごと開催
柔　道	IJF 世界柔道選手権大会　男子：1956年　女子：1980年 2007年まで2年ごと、以後毎年開催
陸上競技	IAAF 世界陸上競技選手権大会：1983年 奇数年の2年ごと開催
ラグビー	WR ラグビーワールドカップ：1987年　4年ごと開催

▦ 2 − 6　日本におけるスポーツイベント

　日本の神話の中には神事として相撲をとる様子が描かれている。8 世紀初頭には天皇が相撲を観覧する儀式「相撲節会」が始まった（生沼 2018）。江戸時代には寺社の建立・修築の資金を集めるために「勧進相撲」が開催されるようになり、力士として生計を立てるプロも生まれた（生沼 2018, 日本相撲協会 n.d.）。相撲は日本のスポーツイベントの初期の姿と考えることができる。

図表 2-6　明治から1972 年冬季オリンピック・札幌大会に至る
主なスポーツイベント

年	大会名
1874	競闘遊戯会（海軍兵学寮）
1884	東京体育会（神田体操伝習所）
1901	不忍池池畔一周長距離走（時事新報社主催）
1915	全国中等学校野球大会（朝日新聞社主催）
1917	東京奠都記念東海道駅伝徒歩競走（駅伝）
1920	東京箱根間往復大学駅伝競走
1924	明治神宮競技大会
1936	日本職業野球連盟設立　巨人軍・金鯱軍対抗試合
1946	第 1 回国民体育大会（兵庫など）
1947	第 1 回全国レクリエーション大会（石川）
1958	第 3 回アジア競技大会（東京）
1964	1964 年オリンピック・東京大会
1965	種目別日本リーグの発足（サッカー：1965 年、バレーボール・バスケットボール：1967 年など）
1967	第 5 回夏季ユニバーシアード（東京）
1972	1972 年冬季オリンピック・札幌大会

　戦後の 1946 年には、1924 〜 1943 年に開催された国内最大規模のスポーツイベントであった明治神宮競技大会の流れをくんで、第 1 回**国民体育大会**が開催された。都道府県持ち回りで開催され、開催県では多くのスポーツ施設が新設されるなど、公共事業の機会となり、地域スポーツや地域経済に貢献した。

　「戦後からの復興」を世界中に印象付けた 1964 年オリンピック・東京大会と札幌市で開催した 1972 年冬季オリンピック・札幌大会は、日本が世界規模のスポーツイベントを開催できる能力の高さを世界中に示す絶好の機会となった。また、オリンピック後に継続して競技力向上を図る狙いから、トーナメント戦方式のスポーツイベントからリーグ戦方式のスポーツイベントに切り替わり、企業スポーツが大学スポーツにとって代わり始めた時期でもある。

▦ 2 - 7　多様化する現代のスポーツイベント

　「ユベロスマジック」と呼ばれた 1984 年オリンピック・ロサンゼルス大会からスポーツビジネスは劇的に変容する。スポーツイベントは、各種権利ビジネスの宝庫と捉えられ、スポーツビジネスとして大きく飛躍した。1985 年のユニバーシアード神戸大会ではボランティアスタッフを一般公募し、スポーツイベントの運営形態に大きな変容をもたらした。

　従来は、スポーツイベントは行政が行うスポーツ振興施策、トップパフォーマンスを競うスポーツイベントは企業がスポンサードするものといった印象が強かったが、コミュニティの連帯を回復する役割を経て、自己の効用を求めるスポーツ消費者が主流となる**生涯スポーツ**（Sport for All）の時代を迎えるようになっていった。

　現代のスポーツイベントには大きく 2 つの流れがある。前者は、オリンピックイベントや種目別世界選手権に代表されるプロ・エリートスポーツイベントである。後者は、生涯スポーツイベントに代表される一般市民が自己効用を求めて自由に参加できる大衆化である。

　前者においては、市町村レベルの大会で上位の競技成績を収めたアスリートやチームが上位レベルの大会で競い、更にそこで上位の競技成績を収めることで、全日本レベル、複数国などの国際レベルを経て、ワールドカップなどの世界選手権の出場へとつながっていく。国際競技団体を頂点とする各国の協会、各地方支部の競技団体がそれらのイベントを管理・運営するという体制が成り立っている。

　後者の生涯スポーツイベントでは、競技成績や競技参加資格の制限が幅広く、様々なスポーツ実施レベルで自己効用を求めるスポーツ消費者が参加できるという特徴を持っている。イベントの管理運営体制も、有志による大会実行委員会から国際的なスポーツ団体までというように幅が広い（**図表 2-7** 参照）。

図表 2-7　多様化するスポーツイベント

年	大会名
1985	第 13 回夏季ユニバーシアード（神戸）
1988	全国スポーツ・レクリエーション祭（山梨）
1988	全国健康福祉祭（ねんりんピック）（兵庫）
1991	第 3 回世界陸上選手権大会（東京）
1993	J リーグ発足
1994	第 12 回アジア競技大会（広島）
1995	第 18 回夏季ユニバーシアード（福岡）
1998	1998 年冬季オリンピック・パラリンピック・長野大会
2002	2002 FIFA ワールドカップ・日韓大会
2005	第 8 回冬季スペシャルオリンピックス（長野）
2006	2006 ワールド・ベースボール・クラシック〈第 1 回大会〉
2007	東京マラソン 2007〈第 1 回大会〉
2016	B リーグ発足
2018	FISE Hiroshima 2018
2019	ラグビーワールドカップ 2019 日本大会
2020	2020 年東京オリンピック・パラリンピック競技大会（2021 に延期）
2021	ワールドマスターズゲームズ 2021 関西（2022 に延期）

　どちらのタイプのイベントにも共通するのは多様性といえる。観戦型のスポーツイベント、参加型のスポーツイベント、展示・即売などのビジネスイベントなど多種多様である。またハイパフォーマンス志向と生涯スポーツ志向だけでなく、走りながらカラーパウダーをかけ合ったりスイーツを食べるなどの楽しみ志向、出会いを求めるためスポーツイベントへの参加やスポーツイベントのボランティア参加を目的とした旅行など、その志向も多様化している。参加形態も直接スタジアムやアリーナ、開催会場で参加するもの、インターネットを介してオンラインで参加するものと多様である。大衆化と多様性は現代のスポーツイベントの特徴として挙げられる。

■ 引用・参考文献一覧 ■

- 石井昌幸「第 1 章イギリス」坂上康博・中房敏朗・石井昌幸・高島航 編著『スポーツの世界史』一色出版 2018 年
- 日本オリンピック委員会 HP　https://www.joc.or.jp/　2021 年 1 月現在
- 生沼芳弘「Ⅷ日本のスポーツ文化 1 国技としての相撲」井上俊・菊幸一 編著『よくわかるスポーツ文化論 改訂版』ミネルヴァ書房 2020 年
- 小澤考人「Ⅷ日本のスポーツ文化 3 日本のスポーツ文化」井上俊・菊幸一 編著『よくわかるスポーツ文化論 改訂版』ミネルヴァ書房 2020 年
- 真田久「第 2 章 古代の体育・スポーツ」木村吉次 編著『体育・スポーツ史概論』市村出版 2001 年
- 笹川スポーツ財団 HP「スポーツの歴史を知る スポーツとは」
  https://www.ssf.or.jp/ssf_eyes/history/sports/index.html　2021 年 1 月現在
- 高橋幸一 "ミケーネ文明におけるスポーツ"「スポーツ史研究」第 29 号 2016 年
- 高橋幸一「Ⅳスポーツと政治・権力」井上俊・菊幸一 編著『よくわかるスポーツ文化論 改訂版』ミネルヴァ書房 2020 年
- 間宮聰夫・野川春夫 編著『スポーツイベントのマーケティング』市村出版 2010 年

第3節 日本のスポーツ政策

　元号が平成から令和に改められた 2019 年 9 月からラグビーワールドカップ 2019 日本大会が開催され、2021 年は、新型コロナウイルス感染症（COVID-19）の拡大により延期となった 2020 年東京オリンピック・パラリンピック競技大会（以下「2020 年東京大会」という）など、多くの**国際競技大会**（以下「メガスポーツイベント」という）の開催が予定されている。令和の時代はスポーツで幕を上げると言っても過言ではない。

▦ 3 − 1　スポーツ基本法の歴史的成り立ち

　スポーツを国民一般に広く普及させるための国および地方公共団体のスポーツ施策を明らかにすることを目的として、日本初のスポーツ独自法として、全 4 章 23 条から成るスポーツ振興法（以下「振興法」という）が 1961 年に制定された。

　しかし、**スポーツ振興くじ（toto）**が導入されるまで、使途をスポーツに限定した財源が制度上存在せず、スポーツ予算が乏しく、振興法に規定された「**スポーツ振興基本計画**」が策定されたのは制定後 40 年経った 2000 年であった。また、スポーツ振興法には、障がい者スポーツやスポーツ産業、ドーピング防止、スポーツ団体の**ガバナンス**等の記述もないなど、一部のスポーツ関係者からは「時代に合わない、忘れ去られた法律」とも揶揄されていた。

　元号が平成に変わる前後から、この時代にそぐわなくなったスポーツ振興法に対して様々な検討がなされていた。2006 年に文部科学副大臣に就任した遠藤利明衆議院議員は、2006 年冬季オリンピック・トリノ大会での日本チームの成績不振（荒川静香さんの金メダル 1 個のみ）をきっかけとして、日本のトップスポーツの在り方を検討するための私的諮問機関「スポーツ振興に関する懇談会」を設置し、翌 2007 年に「『スポーツ立国』ニッポンを目指して～国家戦略としてのスポーツ～」をとりまとめた。この時点から、スポーツ基本法の制定に向かって歯車が急速に動き出し、2009 年に政権が変わったが、超党派の共同提案としてスポーツ基本法案が提出され、2011 年、全会一致で晴れて成立した。

▦ 3 − 2　スポーツ基本法の概要

　スポーツ基本法（以下「基本法」という）は、振興法を全面改正し、2011年に公布されたスポーツに関する唯一の法律である。基本法は、前文、5 章35 条および附則で構成されている。第 2 章にスポーツ基本計画等を明確に位置付け、第 3 章の基本的施策は振興法第 2 章の 14 項目と比較して、スポーツの今日的課題を網羅したため取り扱う範囲が拡大されていることは一目瞭然である（**図表 3-1** 参照）。

　前文では、スポーツを世界共通の人類の文化と位置付けている。また国民生活においてスポーツが果たす多面的役割の重要性ゆえに、**スポーツに関する施策を総合的かつ計画的に進めると表明し、スポーツを国家戦略に位置付け、「スポーツ立国」を目指す**としている。

　第 3 章には国家戦略として取り扱う基本的施策として、本テキストと関係が深い第 26 条「国民体育大会及び全国障害者スポーツ大会」、第 27 条「国際競技大会の招致又は開催の支援等」が盛り込まれ、第 5 章の「国の補助等」として第 33 条「国の補助」が明記された。逐次的にその趣旨を説明する。

▦ 3 − 3　スポーツ基本法におけるイベントの位置付け

　第 26 条「国民体育大会（2023 年から『国民スポーツ大会』）及び全国障害者スポーツ大会」では、それぞれ主催者と大会の性格を定めるとともに、国は、両大会が国民的規模で行われるスポーツ行事であることを踏まえ、その円滑な実施および運営に関して必要な援助を行うと規定している。

　なお、**全国障害者スポーツ大会**の規定は、本法において初めて規定された。

　第 27 条「国際競技大会の招致又は開催の支援等」には、オリンピック・パラリンピックや FIFA ワールドカップ等のメガスポーツイベントの日本国への招致・開催が円滑になされるよう、環境の保全に留意しつつ、社会的気運の醸成や、招致・開催に必要な資金の確保、メガスポーツイベントに参加する外国人の受入れなどに必要な特別措置を講ずる。また、メガスポーツイベントの振興のための事業に関し必要な措置を講ずるにあたっては、スポーツ団体と緊密に連携を図るものとしている。

　第 33 条「国の補助」には、メガスポーツイベントの招致・開催の支援以外にも、国民体育大会や全国障害者スポーツ大会等の必要経費の一部を補助するとして

図表 3-1　スポーツ振興法とスポーツ基本法の対比

スポーツ振興法	スポーツ基本法
第一章　総則	**第一章　総則**
目　的 定　義 施策の方針 計画の策定	目　的 基本理念 国の責務 地方公共団体の責務 スポーツ団体の努力 国民の参加及び支援の促進 関係者相互の連携及び協働 法制上の措置等
第二章　スポーツの振興のための措置	**第二章　スポーツ基本計画等**
体育の日の行事 国民体育大会 スポーツ行事の実施及び奨励 青少年スポーツの振興 職場スポーツの奨励 野外活動の普及奨励 指導者の充実 施設の整備 学校施設の利用 スポーツの水準の向上のための措置 顕　彰 スポーツ事故の防止 プロスポーツの選手の競技技術の活用 科学的研究の促進	スポーツ基本計画 地方スポーツ推進計画
	第三章　基本的施策
	指導者等の養成等 スポーツ施設の整備等 学校施設の利用 スポーツ事故の防止等 スポーツに関する紛争の迅速かつ適正な解決 スポーツに関する科学的研究の推進等 学校における体育の充実 スポーツ産業の事業者との連携等 スポーツに係る国際的な交流及び貢献の推進 顕　彰 地域におけるスポーツの振興のための事業への支援等 スポーツ行事の実施及び奨励 体育の日の行事 野外活動及びスポーツ・レクリエーション活動の普及奨励 優秀なスポーツ選手の育成等 **国民体育大会及び全国障害者スポーツ大会** 国際競技大会の招致又は開催の支援等 企業、大学等によるスポーツへの支援 ドーピング防止活動の推進
第三章　スポーツ振興審議会等及び体育指導委員	
スポーツ振興審議会等 体育指導委員	
第四章　国の補助等	
国の補助 他の法律との関係 地方公共団体の補助 審議会への諮問等	
	第四章　スポーツの推進に係る体制の整備
	スポーツ推進会議 都道府県及び市町村のスポーツ推進審議会等 スポーツ推進委員
	第五章　国の補助等
	国の補助 地方公共団体の補助 審議会等への諮問等

注：灰色の網かけ部分は、スポーツ基本法において新たに記載された項目。網かけで**太字**になっている部分は、全国障害者スポーツ大会が基本法において新たに記載された項目。

いる。これは、地方スポーツ振興費補助金として定額計上され、大会を競技性の高い国内トップレベルの大会として競技力の高い選手が集うものとし、スポーツの振興や競技力の向上を図ることを目的としている。国民体育大会の対象経費にはなっていないが、開閉会式の式典(イベント)の経費も含まれている。

▓3－4　スポーツ基本計画

　スポーツ基本法の理念を具体化し、5 年後の日本社会を見据え、5 年間のスポーツ政策・施策の具体的な方向性を示すものがスポーツ基本計画である。基本計画は全 4 章で構成されている。第 1 章は「スポーツをめぐる現状と今後の課題」（第 1 期）、「第 2 期スポーツ基本計画の策定に当たって」（第 2 期）。第 2 章は、「今後 10 年間を見通したスポーツ推進の基本方針」（第 1 期）、「中長期的なスポーツ政策の基本方針」（第 2 期）。第 3 章は「今後 5 年間に総合的かつ計画的に取り組む施策」。第 4 章は、「施策の総合的かつ計画的な推進のために必要な事項」が記載されているが、実質的な施策計画は第 3 章に明記されている。

　第 1 期基本計画（2012 ～ 2016 年度）は、東日本大震災からの復興という文脈と民主党政権のスポーツ政策という中で、社会におけるスポーツの意義と役割がスポーツ界に問われた歴史的な転換点であった。2000 年に制定されたスポーツ振興基本計画（2001 ～ 2011 年度）の達成状況と課題について評価を行った上で、7 つの政策課題に 8 政策・施策および数値目標を設定した。オリンピック・パラリンピック等の国際競技大会の招致・開催等を通じた国際交流・貢献の推進が明記され、2020 年東京大会招致がオーソライズされたといえる。

　第 2 期基本計画（2017 ～ 2021 年度）は、ラグビーワールドカップ 2019、2020 年東京大会、**ワールドマスターズゲームズ 2021 関西**を挟んだ 2022 年までの 5 か年計画である。**スポーツ庁**が主体的に取り組んだ最初の基本計画であり、スポーツの力による社会の変革と活力ある未来の創造に向け意欲的な内容である。4 つの基本方針では、スポーツと人生、スポーツと社会、スポーツと世界、そしてスポーツと未来という 4 次元においてスポーツの持つ力を存分に発揮させる方向性を示している（**図表 3-2** 参照）。更に、4 つの政策目標と 20 個の数値目標を掲げた政策・施策を盛り込み、政策課題である「健康寿命の延伸」達成のために、従来のスポーツ参加層に加え、スポーツ無関心層をも取り込んで

スポーツ実施率の向上を目論んでいる（**図表 3-3** 参照）。

図表 3-2　第 2 期スポーツ基本計画の 4 つの基本方針

> １．スポーツで「人生」が変わる！
> 　スポーツで人生を健康で生き生きとしたものにできる。
> ２．スポーツで「社会」を変える！
> 　共生社会、健康長寿社会の実現、経済・地域の活性化に貢献できる。
> ３．スポーツで「世界」とつながる！
> 　多様性を尊重する世界、持続可能で逆境に強い世界、クリーンで
> フェアな世界の実現に貢献できる。
> ４．スポーツで「未来」を創る！
> 　2020 年東京オリンピック・パラリンピック競技大会等を好機とし
> て、スポーツで人々がつながる国民運動を展開し、レガシーとして
> 「一億総スポーツ社会」を実現する。

　なお、スポーツイベント関連の施策については、第 1 期が「オリンピック・パラリンピック等の国際競技大会等の招致・開催等」のみであったのに比べ、第 2 期はスポーツ市場規模の拡大とスポーツを通じた地域の活性化などの数多くの施策が組み込まれている。スポーツイベントに関連する施策については**図表 3-4** に**太字**で示してある。

図表 3-3　第 2 期スポーツ基本計画のポイント

第 2 期スポーツ基本計画のポイント

スポーツ庁

スポーツ基本計画・・・・スポーツ基本法 (2011 (平成23) 年公布・施行) に基づき、文部科学大臣が定める計画。第 2 期は2017 (平成29) 年度〜2021 (平成33) 年度。

第 1 期基本計画						第 2 期基本計画				
2012	2013	2014	2015	2016	2017	2018	2019	2020	2021	2022

- 2020年東京大会の開催決定
- 障害者スポーツが厚労省から文科省へ移管
- スポーツ庁の創設
- 第 2 期基本計画策定
- ラグビーワールドカップ等
- 東京オリンピック・パラリンピック競技大会
- ワールドマスターズゲームズ関西

ポイント1

スポーツの価値を具現化し発信。
スポーツの枠を超えて異分野と積極的に連携・協働。

～ スポーツが変える。未来を創る。 Enjoy Sports, Enjoy Life ～

「する」「みる」「ささえる」スポーツ参画人口の拡大

「人生」が変わる！

スポーツで人生を健康で生き生きとしたものにできる。

「社会」を変える！

共生社会、健康長寿社会の実現、経済・地域の活性化に貢献できる。

「世界」とつながる！

多様性を尊重する世界持続可能で逆境に強い世界クリーンでフェアな世界に貢献できる。

「未来」を創る！

2020年東京オリンピック・パラリンピック競技大会等を好機として、スポーツで人々がつながる国民運動を展開し、レガシーとして「一億総スポーツ社会」を実現する。

① **「する」「みる」「ささえる」スポーツ参画人口の拡大**

- スポーツ実施率 (週1) 42% ⇒ 65%
- スポーツをする2時間を持ちたいと思う中学生 58% ⇒ 80%
- スポーツに関わる人材の確保・育成
- 総合型地域スポーツクラブの中間支援組織を整備 47都道府県
- 学校施設やオープンスペースの有効活用
- 大学スポーツアドミニストレーターを配置 100大学
など

ポイント2

数値を含む成果指標を第 1 期計画に比べ大幅に増加 (8 ⇒ 20)。

② **スポーツを通じた活力がある社会、絆の強い社会の実現**

- 障害者のスポーツ実施率 (週1) 19% ⇒ 40%
- スポーツを通じた健康増進
- 女性の活躍促進
- スポーツ市場規模の拡大 5.5兆円 ⇒ 15兆円 (2025年)
- スポーツツーリズムの関連消費額 2,204億円 ⇒ 3,800億円
- 戦略的な国際展開 100か国以上1,000万人以上にスポーツで貢献 2020年東京大会等の円滑な開催

ポイント3

障害者スポーツの振興やスポーツの成長産業化など、スポーツ庁創設後の重点施策を盛り込む。

③ **国際競技力の向上**

- オリンピック・パラリンピックにおいて過去最高の金メダル数を獲得する等優秀な成績を収められるよう支援
- 中長期の強化戦略に基づく支援
- 次世代アスリートの発掘・育成
- スポーツ医・科学等による支援
- ハイパフォーマンスセンター等の充実
など

④ **クリーンでフェアなスポーツの推進**

- インテグリティ (誠実性・健全性・高潔性) を高める
- コンプライアンスの徹底
- スポーツ団体のガバナンス強化
- ドーピング防止

▲ 出典：スポーツ庁 HP

図表 3-4　スポーツ基本計画の対比

第三章　今後 5 年間に総合的かつ計画的に取り組むべき施策	
第 1 期（2012 年策定）	第 2 期（2017 年策定）
学校と地域における子どものスポーツ機会の充実 （1）幼児期からの子どもの体力向上方策の推進 （2）学校の体育に関する活動の充実 （3）子どもを取り巻く社会のスポーツ環境の充実	スポーツを「する」「みる」「ささえる」スポーツ参画人口の拡大と、そのための人材育成・場の充実 スポーツ実施率の向上：週 1 回以上 65％程度、週 3 回以上 30％
若者のスポーツ参加機会の拡充や高齢者の体力づくり支援等のライフステージに応じたスポーツ活動の推進 （1）ライフステージに応じたスポーツ活動等の推進 （2）スポーツにおける安全の確保	自主的にスポーツする時間を持ちたいと思う中学生を 80％へ スポーツを嫌う中学生を半減させる（16％⇒ 8％） 子どもの体力水準を昭和 60 年頃の水準に引き上げる 成人のスポーツ未実施者の数をゼロに近づける スポーツ参画人口の拡大に向けた環境の整備
スポーツ界における好循環の創出に向けたトップスポーツと地域におけるスポーツとの連携・協働の推進 （1）トップスポーツと地域におけるスポーツとの連携・協働の推進 （2）地域スポーツと企業・大学等との連携	総合型地域スポーツクラブの質的充実：クラブの登録・認証制度の構築 既存のスポーツ施設やオープンスペース等の場の確保 大学スポーツの振興（日本版 NCAA の創設支援）
住民が主体的に参画する地域のスポーツ環境の整備 （1）コミュニティの中心となる地域スポーツクラブの育成・推進 （2）地域のスポーツ指導者等の充実 （3）地域スポーツ施設の充実 （4）地域スポーツと企業・大学等との連携	スポーツを通じた活力があり絆の強い社会の実現 障害者のスポーツ実施率の向上（週 1 回 19％⇒ 40％） スポーツを通じた健康増進：健康寿命の延伸に効果的な「スポーツプログラム」と「ガイドライン」の策定・普及を図る **スポーツを通じた女性の社会参画・活躍を促進する** **スポーツ市場規模の拡大（5.5 兆円⇒ 15 兆円）** **スポーツを通じた地域活性化：スポーツ目的の訪日外国人旅行者の増加（138 万人⇒ 250 万人程度）、スポーツツーリズム関連消費額の増加（2,204 億円⇒ 3,800 億円程度）、地域スポーツコミッションの設置促進（56 ⇒ 170）** 国際競技団体等における役員数の増加（25 人⇒ 35 人）
国際競技力の向上に向けた人材の養成やスポーツ環境の整備 （1）ジュニア期からトップレベルに至る戦略的支援の強化 （2）スポーツ指導者および審判員等の養成・研修やキャリア循環の形成 （3）トップアスリートのための強化・研究活動等の拠点構築	国際競技力の向上に向けた強力で持続可能な人材育成や環境整備 中長期の強化戦略に基づく競技力強化を支援するシステムの確立 次世代アスリートを発掘・育成する戦略的な体制等の構築 スポーツ医・科学、技術開発、情報等による多面的で高度な支援の充実 トップアスリート等のニーズに対応できる拠点の充実
オリンピック・パラリンピック等の国際競技大会等の招致・開催等を通じた国際交流・貢献の推進 **（1）オリンピック・パラリンピック等の国際競技大会等の招致・開催等** （2）スポーツに係わる国際的な交流および貢献の推進	
ドーピング防止やスポーツ仲裁等の推進によるスポーツ界の透明性、公平・公正性の向上 （1）ドーピング防止活動の推進 （2）スポーツ団体のガバナンス強化と透明性の向上に向けた取り組みの推進 （3）スポーツ紛争の予防および迅速・円滑な解決に向けた取り組みの推進	クリーンでフェアなスポーツの推進によるスポーツの価値の向上 コンプライアンスの徹底、スポーツ団体のガバナンス強化およびスポーツ仲裁等の推進 ドーピング防止活動の推進

注：**太字**は、スポーツイベントに関連する施策。

▶ 出典：野川春夫 2019（筆者一部改変）

▓3－5　スポーツ庁の組織と役割分担

　スポーツ基本法の理念である、スポーツを通じて「国民が生涯にわたり心身ともに健康で文化的な生活を営むこと」ができる社会の実現を目指し、スポーツ庁が中核となり、文部科学省の旧来からのスポーツ振興（地域スポーツの推進、学校体育・武道の振興、国際競技力の向上、スポーツ界のガバナンス強化、オリパラムーブメントの推進等）に加えて、他省庁（厚生労働省、国土交通省、農林水産省、環境省、外務省、経済産業省等）とも連携して多様な施策（健康増進に資するスポーツ機会の確保、障がい者スポーツの充実、スポーツによる地域おこしへの支援、Sport for Tomorrow※の実施、産業界との連携によるスポーツ普及と競技力強化等）を展開し、スポーツ行政の総合的な推進を図っている。

図表 3-5　スポーツ庁の組織図

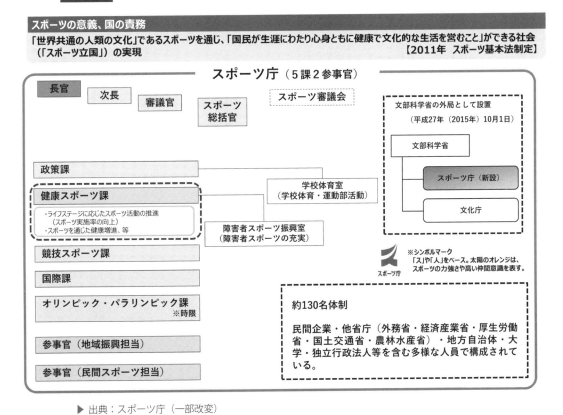

▶ 出典：スポーツ庁（一部改変）

※ Sport for Tomorrow：2014年から2020年までの7年間で、開発途上国をはじめとする100か国・1,000万人以上を対象に日本政府が推進したスポーツ国際貢献事業。

▦ 3−6　国際競技大会の招致・開催

　国際競技大会を日本で開催することは、スポーツの振興や国際親善などに大きく寄与することはもとより、世界のトップチーム、トッププレーヤーの競技を目の当たりにすることで、多くの国民にスポーツの素晴らしさや大きな感動を与えるなど有意義である。

　「体力・スポーツに関する世論調査」（文部科学省 2013）によると、スポーツ国際大会を日本で開催することについて、「好ましい」と回答した者の割合が約9割を占め、国民の多くが我が国で国際大会を開催することを支持していると報告している。

　文部科学省では、国際競技大会の招致・開催が円滑に行われるよう、準備運営団体や関係省庁との連絡調整を行い、必要な協力・支援を行っている。特にラグビーワールドカップ2019と2021年に延期となった2020年東京大会に加え、多くの大会を招致・開催することによって盛り上がりの機運を持続させていくために「国際競技大会情報ネットワーク形成支援事業」を立ち上げている（**図表3-6** 参照）。

図表3-6　国際競技大会情報ネットワーク形成支援事業

| 要求要旨 | ○ 我が国で国際競技大会を開催することは、スポーツの振興のみならず、国際親善、地域の活性化等に大きな意義を有する。
○ 特に、東日本大震災以降、日本で国際競技大会やスポーツ研究集会等の円滑な開催に困難な状況がみられる。
○ 世界に向けた、的確な情報収集と効果的な情報発信が求められている。
○ 審判員やサポートスタッフ、また、ジュニアアスリートにおいても人的ネットワークの構築が必要である。
○ 被災地等における新たな国際競技大会を企画し、開催することが求められている。 |

日本の国際力強化のための環境整備
☆ 世界のスポーツ情報のセンター等における情報収集・発信活動の展開
☆ IOC、IFとNF等のネットワークの形成支援
☆ 審判員・サポートスタッフ等の国際的ネットワークの構築
☆ 新たな国際競技大会等の検討

具体的な事業内容	国際競技大会等での情報収集・発信活動及びその支援	厚みを持った人的ネットワークの構築	新たな国際競技大会等の検討
	○ 国際競技大会や会議、国際団体の本部等において、日本の安全性等について、直接情報発信し理解を得る。 ○ 国際会議等に出席するNF役員等を現地で支援する。 ○ 世界のスポーツ情報をいち早く収集し、国内スポーツ団体等と共有する。	○ 国際審判員・国際大会サポートスタッフに関する国際的コミュニティへの積極的な参加を支援する。 ○ ジュニアアスリートを国際競技大会に派遣し、情報収集・発信活動に参画。	○ 新たな国際競技大会・スポーツ研究集会等の企画・立案を有識者により検討する。

〈参考〉スポーツ基本法
（スポーツに係る国際的な交流及び貢献の推進）
第19条　国及び地方公共団体は、スポーツ選手及び指導者等の派遣及び招へい、スポーツに関する国際団体への人材の派遣、国際的規模のスポーツ研究集会等の開催その他のスポーツに係る国際的な交流及び貢献を推進するために必要な施策を講ずることにより我が国の競技水準の向上を図るよう努めるとともに、環境の保全に留意しつつ、国際相互理解の増進及び国際平和に寄与するよう努めなければならない。

〈参考〉スポーツ基本法
（国際競技大会の招致又は開催の支援等）
第27条　国は、国際競技大会の我が国への招致又はその開催が円滑になされるよう、環境の保全に留意しつつ、そのための社会的機運の醸成、当該招致又は開催に必要な資金の確保、国際競技大会に参加する外国人の受入等に必要な特別の措置を講ずるものとする。

▶ 出典：スポーツ庁HP

⠿3－7　スポーツ庁令和 2 年度予算

「スポーツ立国の実現を目指したスポーツの振興」を主題とした総額 351 億円が、令和 2 年度のスポーツ予算である。前年度比 11 億円増である。事業趣旨は、「全ての人々がスポーツを『する』、『みる』、『ささえる』機会を確保するとともに、国民に誇りと喜び、夢と感動を与えてくれるトップアスリートの育成・強化、スポーツを通じた地域や経済の活性化、国際貢献などを推進し、国民の成熟した文化としてスポーツを一層根付かせ人々がスポーツの力で輝き、前向きで活力ある社会と絆の強い世界を創る」としている。「2020 年東京オリンピック・パラリンピック競技大会等への対応」と「2020 年東京大会以降も見据えたスポーツ・レガシーなどのスポーツ施策の総合的な推進」の 2 本柱である（**図表 3-7** 参照）。

図表 3-7　令和 2 年度予算のポイント

◆ 各競技団体が実施する強化活動の支援や、大会中の選手のサポート拠点を設置するとともに、アンチ・ドーピング体制を整備・強化するなど、**2020 年東京オリンピック・パラリンピック競技大会等への対応**

・ 競技力向上事業　　　　　　　　　　　　　　**101 億円（0.1 億円増）**

　　2020 年東京大会、2022 年北京大会をはじめとする国際競技大会における日本代表選手のメダル獲得に向けて、各競技団体が行う日常的・継続的な強化活動及び 2024 年パリ大会等で活躍が期待される次世代アスリートの発掘・育成などの戦略的な強化について、オリンピック競技とパラリンピック競技の一体的な支援を実施する。

・ ハイパフォーマンス・サポート事業　　　　　**22 億円（9 億円増）**

　　次期オリンピック・パラリンピック競技大会においてメダル獲得の可能性の高い競技を対象に、我が国のトップアスリートが世界の強豪国に競り勝ち、メダルを獲得することができるよう、多方面から専門的かつ高度な支援を戦略的・包括的に実施する。また、2020 年東京大会において、アスリート、コーチ、スタッフが競技へ向けた最終準備を行うための医・科学・情報サポート拠点の設置等を行う。

・ ドーピング防止活動推進事業　　　　　　　　**3 億円（前年同額）**

　　フェアプレーに徹するアスリートを守り、競技大会における公正性を確保するために、ドーピング防止に関する教育・研修及び研究活動を実施する。特に 2020 年東京大会や 2021 年に改訂される世界ドーピング防止規程等への対応に必要な体制整備に取り組む。

◆ 2020年東京大会以降も見据えた**スポーツ・レガシー創出**のため、スポーツ参画人口の拡大、スポーツ産業の成長促進、武道・スポーツツーリズムの推進、障害者スポーツのための基盤整備など、**スポーツ施策を総合的に推進**

・**Sport in Life 推進プロジェクト（スポーツ参画人口の拡大方策）2.6 億円（新規）**
　　スポーツの振興を積極的に推進する関係団体の取組を本プロジェクトで一体化し、多様な形でスポーツの機会を提供するとともに、関係団体間の連携により推進力・相乗効果を創出し、2020年東京大会のレガシーとして新たに1000万人のスポーツ実施者を増加させる。

・**障害者スポーツ推進プロジェクト**　　　　　　0.9 億円（0.3 億円増）
　　障害者が身近な場所でスポーツを実施できる環境整備、障害者スポーツ団体の支援、障害者のスポーツ用具を有効活用する仕組みの構築等により、障害者が生涯にわたってスポーツを実施するための基盤を整備する。

・**スポーツ産業の成長促進事業**　　　　　　　　2.4 億円（0.3 億円増）
　　スポーツの成長産業化を図るため、中央競技団体の経営力強化、スポーツ経営人材の育成・活用、まちづくりや地域活性化の核となるスタジアム・アリーナの実現、スポーツ界と他業界の共創による新事業創出、スポーツ指導者とスペースに関する情報をマッチングする新しいビジネス（スポーツシェアリングエコノミー）の導入等を支援する。

・**「スポーツ資源」を活用したインバウンド拡大の環境整備**　　1.6 億円（新規）
　　インバウンドの地方誘客・消費拡大を更に促進するため、各地域が誇る地域資源とスポーツを掛け合わせたコンテンツの造成や磨き上げ、環境整備等を行うとともに、人・物・施設等の資源情報データベースの構築や新たなプロモーション等を実施する。

▶ 出典：スポーツ庁 HP

▦3－8　2020年東京大会関連事項

　公益財団法人オリンピック・パラリンピック競技大会組織委員会は、2021年に開催延期となった2020年東京大会の準備・運営を監督するオリンピック競技大会組織委員会（OCOG）、パラリンピック競技大会組織委員会である（**図表 3-8** 参照）。2014年1月24日に発足し、通称は「**東京 2020 組織委員会**」「**東京 2020**」である。

図表 3-8　2020 年東京大会の国内体制

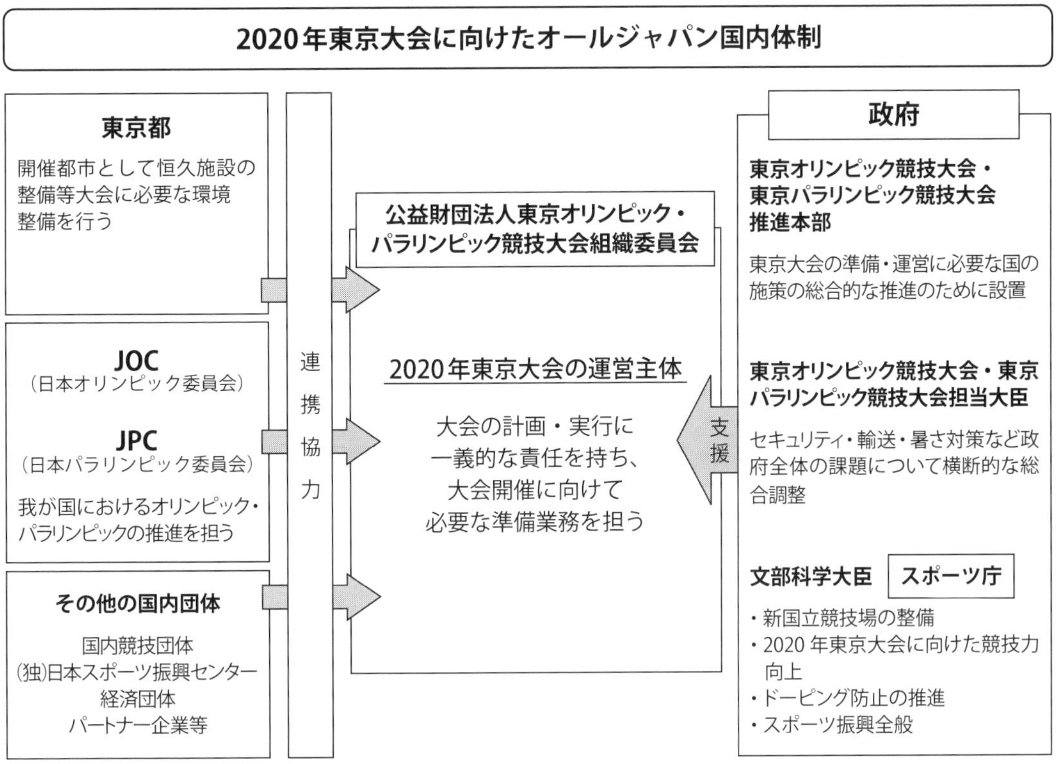

2020年東京大会に向けたオールジャパン国内体制

東京都
開催都市として恒久施設の整備等大会に必要な環境整備を行う

JOC
（日本オリンピック委員会）

JPC
（日本パラリンピック委員会）
我が国におけるオリンピック・パラリンピックの推進を担う

その他の国内団体
国内競技団体
(独)日本スポーツ振興センター
経済団体
パートナー企業等

連携協力

公益財団法人東京オリンピック・パラリンピック競技大会組織委員会

2020年東京大会の運営主体
大会の計画・実行に一義的な責任を持ち、大会開催に向けて必要な準備業務を担う

支援

政府

東京オリンピック競技大会・東京パラリンピック競技大会推進本部
東京大会の準備・運営に必要な国の施策の総合的な推進のために設置

東京オリンピック競技大会・東京パラリンピック競技大会担当大臣
セキュリティ・輸送・暑さ対策など政府全体の課題について横断的な総合調整

文部科学大臣　**スポーツ庁**
・新国立競技場の整備
・2020年東京大会に向けた競技力向上
・ドーピング防止の推進
・スポーツ振興全般

▶ 出典：スポーツ庁（一部改変）

　東京 2020 組織委員会は、2020 年 12 月 22 日、2020 年東京大会の組織委員会予算 V5（バージョン 5）を発表。V5 は、2019 年 12 月 20 日に発表した組織委員会予算 V4（バージョン 4）を精査したもの。組織委員会予算 V5 は、収入が 7,210 億円、支出は、V4 と比較して、仮設等が 270 億円増の 1,280 億円、オペレーションが 440 億円増の 1,680 億円、管理・広報が 190 億円増の 840 億円等を計上している（**図表 3-9** 参照）。

図表 3-9　2020年東京大会の開催経費について（組織委員会 V5 予算）

収　入

項　目	金　額
IOC負担金	850 億円
TOPスポンサー	560 億円
国内スポンサー	3,500 億円
ライセンシング	140 億円
チケット売上	900 億円
その他	350 億円
増収見込	760 億円
収支調整額 (注)	150 億円
計	7,210 億円

(注)組織委員会の支出のうち、同委員会の経費削減努力や
増収努力によっても賄いきれない費用について、東京都
が負担するもの。

支　出

項　目	金　額
ハード（会場整備）	1,530 億円
仮設等	1,280 億円
エネルギー	250 億円
ソフト（大会運営）	5,680 億円
輸送	480 億円
セキュリティ	340 億円
テクノロジー	780 億円
オペレーション	1,680 億円
管理・広報	840 億円
マーケティング	1,360 億円
その他	200 億円
計	7,210 億円

▶ 出典：東京 2020 オリンピック競技大会公式ウェブサイト

■ 引用・参考文献一覧 ■

● 川西正志・野川春夫　編著『生涯スポーツ実践論：生涯スポーツを学ぶ人たちに　改訂 4 版』市村出版
2018 年
● 野川春夫 "スポーツ基本法とスポーツ基本計画"「健康づくり」No.494　健康体力づくり事業財団
2019 年
● スポーツ庁 HP（いずれも 2021 年 1 月現在）
「第 2 期スポーツ基本計画　概要」
https://www.mext.go.jp/sports/content/ 1383656_001.pdf
「第 2 期スポーツ基本計画のポイント」
https://www.mext.go.jp/sports/content/ 1383656_003.pdf
「国際競技大会情報ネットワーク形成支援事業」
https://www.mext.go.jp/sports/b_menu/sports/mcatetop08/list/__icsFiles/
afieldfile/2016/06/24/1372060_1.pdf
「令和 2 年度　スポーツ庁予算（案）」
https://www.mext.go.jp/sports/a_menu/kaikei/detail/ 1412467_00002.htm
「2020 年東京オリンピック・パラリンピック競技大会の準備状況及び今後の取組について」
https://www.mext.go.jp/sports/b_menu/shingi/001_index/shiryo/__icsFiles/afieldfi
le/2019/05/16/1416831_005.pdf
● 東京 2020 オリンピック競技大会公式ウェブサイト「組織委員会およびその他の経費」
https://tokyo2020.org/ja/organising-committee/budgets/　2021 年 1 月現在
● 日本スポーツ法学会 編『詳解スポーツ基本法』成文堂 2011 年
● 内海和雄『日本のスポーツ・フォー・オール：未熟な福祉国家のスポーツ政策』不昧堂出版 2005 年

資料編

● スポーツ基本法前文（同法におけるスポーツの定義、スポーツの価値）

スポーツは、世界共通の人類の文化である。

スポーツは、心身の健全な発達、健康及び体力の保持増進、精神的な充足感の獲得、自律心その他の精神の涵養等のために個人又は集団で行われる運動競技その他の身体活動であり、今日、国民が生涯にわたり心身ともに健康で文化的な生活を営む上で不可欠のものとなっている。スポーツを通じて幸福で豊かな生活を営むことは、全ての人々の権利であり、全ての国民がその自発性の下に、各々の関心、適性等に応じて、安全かつ公正な環境の下で日常的にスポーツに親しみ、スポーツを楽しみ、又はスポーツを支える活動に参画することのできる機会が確保されなければならない。

スポーツは、次代を担う青少年の体力を向上させるとともに、他者を尊重しこれと協同する精神、公正さと規律を尊ぶ態度や克己心を培い、実践的な思考力や判断力を育む等人格の形成に大きな影響を及ぼすものである。

また、スポーツは、人と人との交流及び地域と地域との交流を促進し、地域の一体感や活力を醸成するものであり、人間関係の希薄化等の問題を抱える地域社会の再生に寄与するものである。さらに、スポーツは、心身の健康の保持増進にも重要な役割を果たすものであり、健康で活力に満ちた長寿社会の実現に不可欠である。

スポーツ選手の不断の努力は、人間の可能性の極限を追求する有意義な営みであり、こうした努力に基づく国際競技大会における日本人選手の活躍は、国民に誇りと喜び、夢と感動を与え、国民のスポーツへの関心を高めるものである。これらを通じて、スポーツは、我が国社会に活力を生み出し、国民経済の発展に広く寄与するものである。また、スポーツの国際的な交流や貢献が、国際相互理解を促進し、国際平和に大きく貢献するなど、スポーツは、我が国の国際的地位の向上にも極めて重要な役割を果たすものである。

そして、地域におけるスポーツを推進する中から優れたスポーツ選手が育まれ、そのスポーツ選手が地域におけるスポーツの推進に寄与することは、スポーツに係る多様な主体の連携と協働による我が国のスポーツの発展を支える好循環をもたらすものである。

　　このような国民生活における多面にわたるスポーツの果たす役割の重要性に鑑み、スポーツ立国を実現することは、二十一世紀の我が国の発展のために不可欠な重要課題である。

　　ここに、スポーツ立国の実現を目指し、国家戦略として、スポーツに関する施策を総合的かつ計画的に推進するため、この法律を制定する。

● 同法第 26 条（国民体育大会及び全国障害者スポーツ大会）

　第二十六条　国民体育大会は、公益財団法人日本体育協会（昭和二年八月八日に財団法人大日本体育協会という名称で設立された法人をいう。以下同じ。）、国及び開催地の都道府県が共同して開催するものとし、これらの開催者が定める方法により選出された選手が参加して総合的に運動競技をするものとする。

　2　全国障害者スポーツ大会は、財団法人日本障害者スポーツ協会（昭和四十年五月二十四日に財団法人日本身体障害者スポーツ協会という名称で設立された法人をいう。以下同じ。）、国及び開催地の都道府県が共同して開催するものとし、これらの開催者が定める方法により選出された選手が参加して総合的に運動競技をするものとする。

　3　国は、国民体育大会及び全国障害者スポーツ大会の円滑な実施及び運営に資するため、これらの開催者である公益財団法人日本体育協会又は財団法人日本障害者スポーツ協会及び開催地の都道府県に対し、必要な援助を行うものとする。

● 同法第 33 条（国の補助）

　第三十三条　国は、地方公共団体に対し、予算の範囲内において、政令で定めるところにより、次に掲げる経費について、その一部を補助する。

　一　国民体育大会及び全国障害者スポーツ大会の実施及び運営に要する経費であって、これらの開催地の都道府県において要するもの。

第4節 イベントの基礎知識、広告から見たイベント産業

▦4−1　イベントの概念と分類

（1）イベントという言葉の意味

　「イベント」という言葉の一般的な意味を辞書で確認すると、最初に「出来事」「事件」とあり、次に「行事」「催事」「催しもの」「スポーツ競技の種目」と説明されている。辞書では、「event ＝出来事・事件の意」と注釈をつけた上で、「行事・催事」「スポーツ競技の種目」を主たる意味として挙げているものもある。このように、現在のイベントという言葉は、主として「行事・催事」という意味で使われているのだが、イベントの概念を理解する上で大切なのは、この言葉が包含している計画的・戦略的な政治性、経済性、文化性、精神性など、意味の深さや概念の広がりを含めて理解することである。

（2）イベントの定義

1）概念的な定義

> 　イベントとは、何らかの目的を達成するための手段として行う行・催事である。

　これは、日本が 1964 年オリンピック・東京大会や大阪万博（1970 年）の成功を受け、旧通商産業省（現・経済産業省）の「イベント研究会」で策定した定義である。「目的と手段」という概念的な視点によるシンプルな定義といえる。この定義では、行・催事はそれ自体が目的となるのに対し、イベントはそれ自体が目的ではなく、目的を達成するための手段として行・催事（イベントのプログラム内容）を活用するとしている。

2）構造的な定義

> 　イベントとは、目的をもって、特定の期間に、特定の場所で、対象となる人々をそれぞれに、個別的に、直接的に、"刺激"（情報）を体感させるメディアである。

　一般社団法人日本イベント協会（JEVA）が、イベントの構成要素として提唱した「イベントの6W2H」（第5節にて詳述）をもとにした定義である。イベントの構成要素を使って構造解説的に定義している。これは、イベントの特性を「直接型パーソナル・メディア」として、「間接型パブリック・メディア」であるマスメディアとの違いを強く意識した定義である。

3）実務的な定義

> 　イベントとは、最適な行・催事を採択・構築することによって、相当数の人間を集め、時間と空間を共有することで、ある目的を達成しようとする組織管理的手段をいう。

　これは一般社団法人日本イベント産業振興協会（JACE）が発行した『文化・スポーツイベント全般の構成と業務管理』に掲載されたもので、概念的な定義をもとに、イベントのつくり手側（プロデュースする側）から策定した実務的なものである。

▓4－2　イベント内容（行・催事プログラム）の構造 ＜5つの基本形式＞

　多種多様に見えるイベントの行・催事プログラム内容も、大別すると、**演技・競技形式**、**展示形式**、**会議・集会形式**、**式典形式**、**宴会形式**の5つの基本形式しかない。イベントづくりとは、この5つをどのように組み合わせるかということである。

　イベントは行・催事の組み合わせである。イベント全体は6W2Hによって構成されているが、そのプログラム内容、すなわち構成要素のWhat（なにを

＝行・催事プログラム内容）の部分をよく見ると、多くの場合、複数の行・催事形式の組み合わせになっている。

　例えば、オリンピックのプログラムは、スポーツ競技がメインプログラムであるが、開催都市に到着した選手・役員の歓迎レセプションに始まり、開会式、演技・競技、表彰式、閉会式、パーティなど、様々な行・催事の組み合わせによって構成されている。このことは、イベントの規模の大小にかかわらずどのようなイベントにもいえることである。

図表4-1　イベントの行・催事プログラムの5つの基本形式

基本形式	展開バリエーション形式	
1. 演技・競技形式 人の身体表現や力や技を見せる・競う形式	①劇場型	劇場・ホール・体育館等の舞台・フロアでの演技・競技
	②広場型	広場や屋外競技場のグラウンドやフロアでの演技・競技
	③道路型	道路・街路でのパレード・行進やマラソン、踊りなど
	④自然自由型	野外劇、トライアスロン、登山・ハイキングなど
2. 展示形式 物や造形や映像・光などを一定の空間の中で見せる形式	①ギャラリー型	画廊など小規模回遊型の観覧
	②見本市・展示会型	多数・複合出展を特色とした大規模回遊型
	③パビリオン型	テーマ展示などの演出装置型展示館
	④ミュージアム型	博物館・美術館など教育志向展示
3. 会議・集会形式 一定のテーマの下に集まり、意見交換したり、話を聞く形式	①劇場型	講演会、シンポジウム、フォーラムなど
	②教室型	○○教室、セミナー、ワークショップなど
	③会議型	円卓形式、講演会形式、討論会形式、パネル・ディスカッション形式など
	④集会型	演説会形式、パレード形式
4. 式典形式 一定の伝統的形式に則った儀礼・儀式	①神儀型	神事に則った儀式・修祓(しゅうふつ)・祈願などの式
	②式場型	開・閉会式、表彰式、祝賀会など
	③現場型	地鎮祭、開館式、開通式、除幕式など
	④自然型	植樹祭、山開き・海開き、キャンプ場開きなど
5. 宴会形式 交流・交歓を目的とした飲食を伴う集まり	①庭園・園遊会型	庭園を会場とした宴会・パーティ
	②宴会場型	料亭やホテル、会館・ホールでの宴会・パーティ
	③自宅型	ホームパーティ、冠婚葬祭の宴
	④自然型	ピクニック、バーベキューパーティなど

▶ 出典：『イベント業務管理士公式テキスト1級・2級共通』2019

▦4－3　メディアとしてのイベント

　イベントの概念的な定義である【イベントとは、何らかの目的を達成するための手段として行う行・催事である】を考えてみると、イベントは「手法として、相手に何かを伝えていくもの」であるといえる。

　つまり、イベントそのものは、発信者と受信者をつなぐ「媒体＝メディア」という機能を持っているといえるだろう。

（1）イベントのコミュニケーション・メディアとしての特性と機能

1）直接的コミュニケーション・メディア

　現代社会においては、大量の情報が送り手側から受け手に対して発信されている。そこには、何らかの機械的、電子的なシステムが介在している。これに対し、メディアとしてのイベントは、情報の発信者と受信者が空間と時間を共有することにより、相互の間には何も介在させないことが可能であり、直接の情報伝達、情報の交換が可能であるといえる。

2）双方向コミュニケーション・メディア

　イベントの「直接的コミュニケーション・メディア」の機能特性は、直接の情報交換を可能とし、必然的に「双方向コミュニケーション・メディア」という機能特性を生じさせる。他のメディアはその「双方向」性が、送り手、受け手のどちらかに偏っていることがある。

3）複合型コミュニケーション・メディア

　メディアとしてのイベントは、他のメディアとの組み合わせが可能である。また、イベントそのものが、身体的表現メディアや機械的・電気的・電子的なシステムメディアなどの複数メディアを内在しているので、メディアとしてのイベントは「複合型コミュニケーション・メディア」の機能特性を持っていると考えられる。

（2）イベントのメディアとしての社会的役割

1）イベントの社会実験機能

　社会実験とは新しい社会的制度や技術の導入に際し、実験的に新制度や新技術を試行し、その社会的影響や効果を確認することである。場所と時間を限定し、来場者との直接的コミュニケーション機能を持っているイベントは、社会実験機能装置として、ふさわしい装置といえる。

2）イベントの教育機能

　イベントは、多数の人々が対象であるという特性と、双方向・直接的コミュニケーションという機能特性を有している。これは、イベントが社会的な教育・啓発の機能を発揮することを意味している。

　社会生活の中でも、運動会、文化祭、祭り、クリスマスパーティなどのイベントを通して、教育的効果を発揮している。

3）イベントのシミュレーション機能

　イベントは、非日常を設定することによって特殊な環境をつくることができる。日常生活ではなかなか接することのない人と触れ合えたり、非日常のコト、モノを体験したり、疑似体験することにより非常時の場面において役立つことが多くある。これは、「体験できる」というイベントならではの特性といえるだろう。

▦4－4　イベントの企画・計画と制作推進

（1）イベントの企画・計画

　一般に、イベントづくりの主要な段階は、5つに分けられる。

```
企画立案 ➡ 計画策定 ➡ 制作施工 ➡ 会場運営 ➡ 結果の検証
```

　その中で、「企画立案⇒計画策定」は3段階に分けて進める。

```
基本構想 ➡ 基本計画 ➡ 実施計画
```

①基本構想

　イベントの開催目的、コンセプト、テーマなどを中心に、会場プログラム内容、来場対象者、開催期間、予算など、イベント全体の概要を企画立案する。

②基本計画

　基本構想の実現のための手段や方法を具体的に示し、課題や問題点の解決策を示す。

③実施計画

　イベント制作担当者のための詳細な図面や、プログラム内容など多岐にわたる作業指示書類を作成する。担当別にマニュアルなども作成する。

　小規模イベントや、定例イベントの場合の企画・計画づくりは、基本構想、基本計画を合わせて「イベント企画書」として策定し、具体的な内容は「実施計画書」「実施マニュアル」として策定する。

　イベントの企画・計画づくりにおいては、8つの構成要素6W2Hを、矛盾なく整合性のある形で具体化しなければならない。

　そのためには、次の5つの視点を持つ必要がある。

```
1．主催者・クライアントの視点
2．制作者の視点
3．参加者（出演者や出展者）の視点
4．来場者（観客）の視点
5．社会的視点
```

（2）イベントの制作推進における４大管理

　イベントの制作推進における管理業務は、次の４種類がある。

> **1．品質管理**
> 　「企画品質」「制作品質」「運営品質」の３品質があり、計画段階の「ねらい品質」と結果としての「できばえ品質」がある。
> **2．工程管理**
> 　作業項目を抽出し、時系列に整理・管理していくものである。作業項目にモレやダブリのないように、大日程管理、中日程管理、小日程管理に分けて工程表を作成する。
> **3．予算管理**
> 　予算はあらかじめ算定した金額であり、収入と支出の計画を実行費用と併せて管理する。
> **4．安全管理**
> 　安全の確保は全てにおいて優先する。安全管理の考え方には「法令遵守」「危険予知」「危険予防」「緊急時対応」「保険加入」などが挙げられる。

4－5　イベントのマネジメント

（1）イベントの会場運営

　イベントの会場運営には、事前準備に万全を期す必要がある。
　会場運営の基本は、来場者を「安全」「快適」「円滑」におもてなしすることである。基本的な会場運営業務は、次ページの３つに大別できる。

◆イベントの会場運営業務

１．会場管理業務

安全管理、警備、清掃、施設管理、来場者の入退場管理、来場者の誘導案内、スタッフ通門管理　ほか

２．プログラム管理業務

プログラム施設管理、参加者・出演者管理、プログラム進行、配布物管理　ほか

３．会場サービス業務

来場者案内業務、ユニバーサルイベント対応業務、来賓接遇、医療・救護、迷子・迷い人対応、クレーム対応、遺失物・拾得物対応、サービスプログラム管理　ほか

（2）イベントのリスクマネジメント

イベントには様々なリスクがある。

会場で起こる様々な事故、チケット販売不振による収支の赤字、機材の不具合によるプログラムの中断など、企画・計画段階から実施段階まで、様々なリスクがあり、これらのリスクを回避、移転、低減するためのリスクマネジメントが必要である。

（3）イベントとコンプライアンス

社会的活動であるイベントには、社会的責任としてコンプライアンスの遵守が求められている。基本的には「法令による法規制」「契約による契約規制」「社会的規範・通念・倫理による倫理規制」に分けられる。特に、イベントを実施する際には、警察署、消防署、保健所による規制が関わることが多く、常に確認しておく必要がある。

また、イベントに深く関わる法規や権利としては、著作権などのいわゆる知的財産権、個人情報保護法、肖像権、暴力団対策法などがある。

》》日本の広告費、イベント産業規模統計

∷4－6　日本の広告費

　2020年3月に電通が発表した「2019年日本の広告費」は拡張するデジタル領域やイベント領域を追加推定し、6兆9,381億円となった。追加推定した部分を除いた前年同様の推定方法では、6兆6,514億円（前年比101.9%）である。8年連続のプラス成長を続け、特に大きく注目された点として、インターネット広告費が、6年連続2桁成長でテレビメディア広告費を超え、初めて2兆円超えとなった。すでに世界の市場では2018年時点でテレビ広告費とデジタル広告費は逆転していたが、日本も同じ状況になった。その背景にはデジタルトランスフォーメーションが更に進み、企業のマーケティング活動がデジタル領域にシフトしていること、そしてスマートフォンをはじめとしたデバイスの普及で、消費者の情報摂取行動がインターネットを中心に行われるようになっていることに起因している。

　追加推定した部分は「日本の広告費」における「物販系ECプラットフォーム広告費」（インターネット広告費に含める）と「イベント」領域である。このうち後者に関しては、従来「日本の広告費」においては「展示・映像ほか」の部分のみを推定していたが、「イベント」領域を追加し、「イベント・展示・映像ほか」とした。この結果「イベント・展示・映像ほか」の項目は、販促キャンペーンも含む広告業が手掛ける各種イベント、展示会、博覧会、PR館などの製作費、シネアド、ビデオなどの制作費と上映費などを合計したものとなった。「イベント」広告費だけを取り出すと2019年は1,803億円であった。

　媒体別の広告費の内訳は、**図表4-2**の通りである。

　日本の広告費は大きく分けると、マスコミ4媒体広告費、**プロモーションメディア広告費**、インターネット広告費から成る。かつてはマスコミ4媒体広告費が全体の半分以上であったが、今では4割を切り、それぞれ同じ程度の割合になりつつある。「イベント・展示・映像ほか」は全体の8.2%を占め、プロモーションメディア広告費の中でも最大の広告費となっている。

　媒体別広告費の推移は、**図表4-3**の通りである。

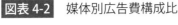
図表 4-2　媒体別広告費構成比

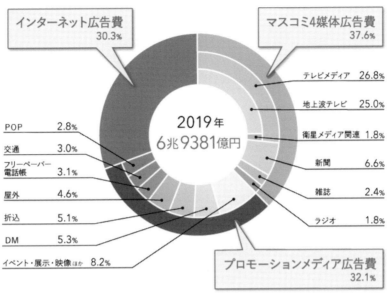

▶ 出典：電通 HP「2019 日本の広告費」

図表 4-3　媒体別広告費の推移（1993〜2019 年）

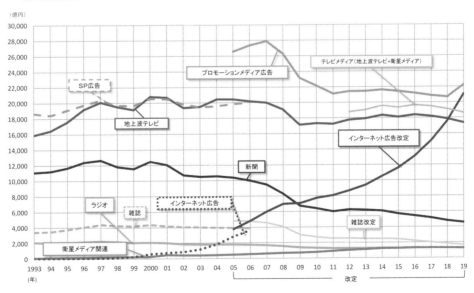

▶ 出典：電通 HP「2019 日本の広告費」

　図表4-3からわかるように、新聞、雑誌といった紙媒体の広告費が減少し、インターネット広告費が一貫して伸張している。またプロモーションメディア広告費の各項目の変遷は**図表4-4**の通りとなる。

図表4-4　プロモーションメディア広告費の移り変わり（2005 ～ 2019 年）

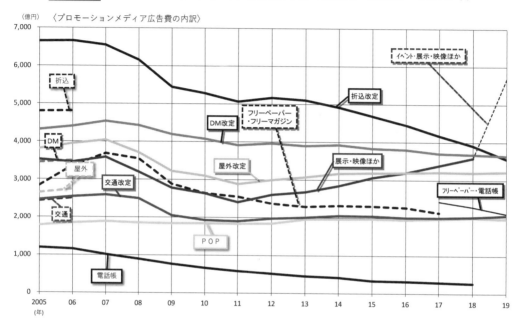

▶ 出典：電通 HP「2019 日本の広告費」

　こちらでも、紙媒体系（折込、フリーペーパー等）が減少している。その一方で、「展示・映像ほか」は近年伸張していたが、「イベント」領域を加えたことで一層の増加となっている。特に 2019 年はラグビーワールドカップ 2019 日本大会開催によるラグビーファンの増加により、会期終了後も関連イベントが増加したことも大きい。スポーツイベントの開催は直接のイベントのみではなく、関係する企業の広告の出稿など、広告市場においても大きなインパクトを持つこともあり、中でも世界的なスポーツイベントの開催は広告市場のみならず社会全体の景気にも影響している。

　図表 4-5 は名目 GDP ※と総広告費の推移である。このように、広告費全体は名目 GDP と相関が強く、景気を示す指標の一つでもある。長期的な視点では景気が緩やかに回復するにつれ広告費も回復していくことが予想されている。

図表 4-5　名目 GDP と総広告費の推移

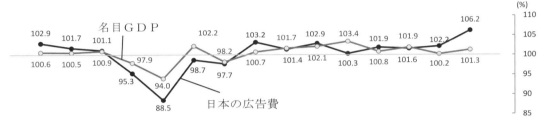

▶ 出典：電通 HP「2019 日本の広告費」

⃞4－7　イベント産業規模統計

　日本イベント産業振興協会では様々なカテゴリーのイベントに実際に足を運ぶ生活者の消費額を「イベント消費規模推計」として 2012 年より定期的に調査している。これはいわばイベント産業の経済波及効果を見るための調査と考えられるが、イベント産業に従事する事業者の売り上げなど、イベント産業自体の市場規模に関しての推定は行われてこなかった。2019 年は日本イベント産業振興協会の創立 30 周年にあたり、その記念事業の一つとして、成長が見込まれるイベント産業の規模を日本で初めて本格的に推計した。これはイベントの業界団体としての立場から「イベント産業の個別の売り上げデータを積み上げる」ことを基本に作業を開始し、多様な調査・分析手法を用いてイベント産業の規模を推計したものである。

　対象となるイベントのカテゴリーの定義は**図表 4-6** の通りである。

※ 名目 GDP：GDP（国内総生産）は、国内で生産されたモノやサービスの付加価値の合計。「名目 GDP」は、これを実際に市場で取引される価格に基づいて推計した値で、物価の変動を反映している。なお、物価の変動による影響を除いた値は「実質 GDP」という。

図表 4-6　「イベント消費規模推計」のカテゴリー

カテゴリー	具体例
1．博覧会イベント	国際博覧会、万国博、国際博、国内博覧会、地方博、テーマ博
2．エキシビション・イベント	BtoB、BtoBtoC、BtoC
3．ビジネス・イベント	大規模単独フェア、プライベート・ショー （販促・PR イベント　冠スポーツイベント、音楽イベント）
4．ツーリズム・産業促進イベント	中央省庁イベント、地方自治体イベント インバウンド、観光イベント、祭り、物産展
5．スポーツイベント	国際大会、国内大会 オリンピック・パラリンピック、ワールドカップ
6．文化イベント	コンテンツ系、フェスティバル系 アーティストコンサート、美術展、音楽フェスティバル
7．コンベンション・イベント	コンベンション 政府系会議、学会、会議、カンファレンス＋周辺イベント
8．インターナルイベント	民間企業などにおける入社式、株主総会、社内運動会、学校、政治団体
9．カスタマー参加型イベント	コミュニティ・イベント、ファン・イベント

▶ 出典：日本イベント産業振興協会 2020

　2019 年 12 月には、2018 年のイベント産業の市場規模を 5,610 億円と発表した。ここでいうイベント産業は、下記のように「イベントを主業としている7 業種＝イベント産業」と定義している。

> ①広告制作業　②イベント専業　③コンベンション　④舞台　等
> ⑤施設　⑥レンタル　⑦ディスプレイ

　イベント産業は裾野が広い産業であり、このイベント産業に加えて警備業、人材派遣業など「イベントを売り上げの一部としている業種・業態＝イベント関連産業」などを加えると産業規模は 8,932 億円まで積み上がる。更に、音楽コンサート、演芸・スポーツ興行団など「広義のイベント」と捉えられる業種・業態までも含めたイベント産業規模は 2 兆 2,878 億円となり、裾野まで含めると大変に規模が大きい産業であることがわかる。
　2018 年のイベント産業規模統計を発表したことで、経済産業省をはじめとして関連企業などからの反響・意見・要望などが多数寄せられた。そのため、2019 年の市場規模に関しては一部推定方法、業種、イベントの開催種別を見直し、新たに推計した。その結果は**図表 4-7** の通りである。

図表 4-7 2019年イベント産業市場規模

（単位：億円）

	業種	2019 年
イベント産業	広告関連イベント	2,217
	イベント専業（舞台含む）	2,031
	コンベンション	713
	レンタル・ディスプレイ	586
	施設	452
	警備・印刷・設備・人材派遣	1,382
	商店街イベント	630
	花火大会	450
	伝統的祭事・フェス	220
	会議・小セミナー	280
	イベント関連産業 計	8,961
娯楽・エンタテインメント	劇映画	3,261
	音楽コンサート	4,068
	劇団・演芸	2,862
	スポーツ・興行	3,726
	スポーツ施設提供業	2,125
	楽団、舞踊団	508
	イベント周辺産業 計	16,550

▶ 出典：日本イベント産業振興協会 2020

　新しい区分では、イベント関連産業が 8,961 億円、2018 年では「広義のイベント」として捉えていたイベント周辺産業が 1 兆 6,550 億円となり、合計で 2 兆 5,511 億円となった。前年比で 112％と大きく伸張した。イベントの定義は人によって見方が一定ではなく、一般的には広義のイベントまで含めたこの数字が受け入れられやすいとも考えられる。インターネット時代にはイベントも様々な新しい形態のものが現れており、それとともにイベントの捉え方も変化していくと考えられる。

■ 引用・参考文献一覧 ■

● 日本イベント産業振興協会人材育成委員会　監修『イベント業務管理士公式テキスト：1 級・2 級共通』日本イベント産業振興協会 2019 年
● 日本イベント産業振興協会能力・コンテンツ委員会　監修『いま、求められるユニバーサルイベント：ユニバーサルイベント検定公式テキスト』日本イベント産業振興協会 2015 年
● 電通 HP（いずれも 2021 年 1 月現在）
　「日本の広告費」
　https://www.dentsu.co.jp/knowledge/ad_cost/
　「「2019 年 日本の広告費」解説」
　https://dentsu-ho.com/articles/7161
● 日本イベント産業振興協会　編『2019 年イベント消費規模推計報告書』日本イベント産業振興協会 2020 年

第2章

スポーツイベントのマネジメント

第5節 スポーツイベントの基本構造

▦ 5−1　スポーツイベントの6つの特徴

　スポーツイベントの特徴は、「**スポーツへの社会化**」「**非日常性**」「**目的・理由の存在**」「**場の創出**」「**コミュニケーション表現・行為**」「**計画性**」の6つである。スポーツへの社会化以外の特徴は、日本イベント産業振興協会（JACE）によってイベントの必須要件と位置付けられている。

図表 5-1　スポーツイベントの特徴

1．スポーツへの社会化

　イベントは、人々がスポーツに慣れ親しむメディアである。スポーツの知識、技術、ルール、マナー、行動様式などを習得する等、スポーツへの社会化を促進する役割がある。

2．非日常性

　イベントは、日常とは違う何か特別な行為やモノやコトによって構成されている。非日常性は、主催者にとっても、参加者や来場者にとっても欠かせない要件である。

3．目的・理由の存在

　イベントの開催者には目的や理由が必ずある。また参加者や来場者にも、何らかの目的が存在する。

4．場の創出

　「場」とは、単なる場所のことではなく、「そこに集まった人々が相互に意味のある空間と時間を共有する場所」のことであり、イベントには非日常的な「場（イベント会場）」が創出される。

5．コミュニケーション表現・行為

　イベントでは「人やモノによるコミュニケーションのための表現や行為」が展開される。一般に「プログラム」「コンテンツ」などという。具体的には、モノの展示や人の演技・競技等の身体表現、一定のテーマの会議・講演などが当たる。

6．計画性

　どのようなイベントも、意図的に計画されてつくり出されている。計画性は、イベントを企画・主催する側の計画性であって、来場者にとっては偶発的にイベントに遭遇する場合がある。

▶ 出典：『イベント業務管理士公式テキスト1級・2級共通』2019（筆者一部改変）

　スポーツイベントは、人々が様々な立場や役割でスポーツに関わる機会や場となる。ある個人がスポーツに慣れ親しんでいきながらスポーツの知識、技術、ルール、マナー、行動様式などを習得する学習過程を「スポーツへの社会化」という。スポーツへの社会化は、スポーツ参加とスポーツ観戦（視聴）、あるいはスポーツ記事・書籍の購読などでも促進される。**スポーツイベントは、スポーツへの社会化を促進する絶好の場といえる。**

　参加型、観戦型を問わず、スポーツイベントは日常とは異なる特別な体験である。参加者にとっては自身のパフォーマンスを発揮する場あるいは自己実現の場として、来場者にとってはライブでスポーツのパフォーマンスを楽しむ場といったように、非日常的な「ハレ」の場である。また主催者にとっても特別な演出や適切なプログラムを企画・運営することで、参加者の満足を高め、来場者の集客を募る空間を構築するといった意味で、「非日常性」は必要不可欠な要件である。

　また、スポーツイベントの定義でも触れられているように、**スポーツイベントの開催には「目的や開催理由」が存在する。**それはスポーツ振興やハイパフォーマンスの発揮、自己実現の機会、興奮、エンターテインメント、交流人口増加など、主催者や参加者、来場者によって様々である。そしてそれらの目的を達成するためにイベントプログラムであるスポーツが展開され、スポーツに参加・体験する、あるいはスポーツを観戦する「場」が、意図的・計画的に創り出されている。

　近年では、これらの「場」は必ずしも物理的な場やスポーツプログラムが展開される場だけではなくなってきている。新型コロナウイルス感染症（COVID-19）拡大の影響を受け、現実空間で中止が相次いでいるスポーツイベントがある一方、開催が増えてきているランニングイベントに「オンラインマラソン」がある。好きなときに好きな場所を走り、GPSに連動したアプリで集計した走行データによって順位を競う形態である。また、バーチャルサイクリングの「Zwift（ズイフト）※」を利用して、自宅にいながら仮想空間内のスポーツイベント開催地を、自分のアバター（分身キャラクター）が他の参加者と自転車で走る大規模イベントも開催されている。

▥▥ 5 - 2　スポーツイベントの基本的構成要素

スポーツイベントを、その特徴に基づいて具現化するために、**図表 5-2** に示したイベントを構成する**人的要素**を加えて、基本的なスポーツイベントの構成要素を**図表 5-3** に示した。

図表 5-2　スポーツイベントを構成する人的要素

人的要素	具体例	内容
主催者	主催者組織 地方自治体・競技団体など	スポーツイベント全体を創出し、開催に責任を持つ人や組織
参加者	出展・出演者 プロスポーツ選手・スポーツ愛好家・スポーツ用品／機器メーカーなど	スポーツイベントに出展、出演、参加する企業、団体、個人など
協力者	審判、記録係、ボランティア、医療関係者（含むドーピング検査）、消防・警備、セキュリティ（含む Web）など	スポーツイベントの「スポーツ」の部分をルールに基づきオペレーションする人や組織、イベントの安全管理に関わる人や組織など
来場者 消費者	観客・観戦者・視聴者・読者	スポーツイベント会場やオンラインで観戦、購買、情報入手などをする人
支援者	協賛・協力・後援者	スポーツイベントに協賛・協力・後援する行政、団体、企業など。スポンサー
制作者	プロデューサー・ディレクター・専門スタッフ	スポーツイベントの意図、目的を具体化し、企画・制作・運営を行う人や組織、企業

▶ 出典：『イベント業務管理士公式テキスト 1 級・2 級共通』2019（筆者一部改変）

スポーツイベントを主催する人や組織は、国際スポーツ競技団体、国や地方自治体、国内の競技団体、スポーツ協会を含む公共団体等が考えられる。もちろんスポーツ用品や機器メーカーなど、企業が主催する場合もある。なお、本テキストでは出展・出演者をスポーツイベントに参加する「**参加者**」、観客・観戦者をスポーツイベント会場に観戦目的で来場する「**来場者**」として捉えている。

※ 前頁 Zwift（ズイフト）：バーチャルサイクリングサービスのアプリ。室内などで、機器を取り付けた自転車を漕ぐと画面上の仮想空間をサイクリングできる。

来場者には、観客に加えてテレビやインターネットの視聴者、試合結果などを新聞や雑誌、インターネットで情報収集する読者などの消費者が含まれるため、他のイベントと比較しても裾野が広く、ビジネス機会が多いのがスポーツイベントといえる。

　協力者は公式ルールに基づいて適切にスポーツイベントをオペレーション（運行）する人々を指しており、審判や記録係、掲示係、およびスポーツボランティアなどである。スポーツイベントではケガや事故を100％防ぐことが困難なため、それらに対応した医師や看護師が必要になる。トップレベルのスポーツイベントでは、ドーピング検査員を含む医療関係者も必要である。また、災害や防犯などに対応するためにも警察や消防、セキュリティ会社などと協力・連携することが望まれる。

　支援者は**図表 5-2** の通り協賛や協力・後援者であるが、スポンサーという表現の方が理解しやすいであろう。

　スポーツイベントは主催者と制作者が異なる場合がある。国や地方自治体、日本スポーツ協会などの公共団体が入札による発注によってスポーツイベントの企画・制作・運営を行う企業を募集することが多い。入札には広告会社、イベント制作会社、旅行会社などが応募するが、主催者の意図を最も反映し、効率よく企画・運営ができ、公的資金を投入するため安価で信頼がおける企業や組織が落札、契約するのが一般的である。

図表 5-3　スポーツイベントの基本的構成要素（６W２H ©JEVA）

6 W　　　　　　2 H		⑦ How どのように	⑧ How much いくらで
① Who だれが	主催者、主催組織、参加者	6 Wの 構成方法 ・手段	6 Wの 構成経費 ・予算
② Why なぜ	目的、理由、意図、趣旨		
③ What なにを	行・催事プログラム内容		
④ Whom だれに	告知対象者、来場者（観客）		
⑤ Where どこで	場所、会場、空間（仮想含む）		
⑥ When いつ	開催日時、期間		

▶ 出典：『イベント業務管理士公式テキスト 1 級・2 級共通』2019（筆者一部改変）

スポーツイベントをアイデアの段階から、具体的なイベント案にするために必要なのが基本的な構成要素である。アイデアを6W2Hの基本的構成要素に落とし込み、具体的な内容を検討していくことで、スポーツイベントが実施可能となる。どのような**主催者（Who）**がどのような**目的（Why）**で、どのような**プログラム内容（What）**を、誰を**対象（Whom）**にどのように**構成（How）**し、どの**会場（Where）**でいつ**（When）**開催するのか、またそのためにはいくらくらいの経費がかかり、どのくらいの**予算を準備する必要があるのか（How much）**を検討することになる。

なお、この6W2Hはスポーツイベントに限定されたものではなく、一般的なイベントにも共通する基本的な構成要素である。また、この基本的構成要素は、スポーツイベントの内部構造を示しているため、実際の企画・制作においてはスポーツイベントを取り巻く社会的状況やステークホルダー（利害関係者）などの外部環境要因を併せて検討する必要がある。

5-3　スポーツイベントの行・催事プログラム

スポーツイベントの主要なコンテンツとなるのは、**行・催事プログラム**である。行・催事プログラムは、第4節で紹介されている「演技・競技形式」「展示形式」「会議・集会形式」「式典形式」「宴会形式」の5つの形式に大別される。これらの組み合わせによって多くのスポーツイベントが構成されている（**図表5-4**参照）。

資料は、2020年4月に予定されていたが、新型コロナウイルス感染症拡大の影響で中止となった体操天皇杯 全日本体操個人総合選手権の大会要項の一部である。

男子・女子予選競技、男子種目別選手権トライアウト、決勝出場者会場練習、男・女決勝競技などの「演技・競技形式」が中心的なプログラムである。また、これら中心的な競技プログラム前には、監督会議、審判会議などの「会議形式」プログラムにおいて一定のテーマの下に意見交換や確認が行われている。競技プログラム前後には「式典形式」である開・閉会式が行われ、大会会場では協賛企業の試供品や機器展示などの「展示形式」プログラムが行われる。場合によっては、閉会式終了後に選手や大会役員などの交流会として「宴会形式」のプログラムが設定されていることもある。

図表 5-4　スポーツイベント版の行・催事プログラムの形式

基本形式	展開バリエーション形式	
1. 演技・競技形式 人の身体表現や力や技を見せる・競う形式	①劇場型	アリーナ、体育館などの舞台やフロアで行われる演技・競技。バスケットボール、器械体操競技など
	②広場型	街中の広場や屋外競技場などで行われる演技・競技。アーバンスポーツ、陸上競技、サッカーなど
	③道路型	道路・街路でのパレードや行進、マラソンイベント、ロゲイニング、よさこいソーランなど
	④自然自由型	トライアスロン、カヌー、トレイルラン、ラフティングなど自然環境下で行うスポーツイベント
2. 展示形式 物や造形や映像・光などを一定の空間の中で見せる形式	①ギャラリー型	オリンピック・パラリンピック、スポーツを題材とした写真展示、聖火展示など、小規模回遊型の観覧
	②見本市・展示会型	スポーツ健康関連の多数・複合出展を特色とした大規模回遊型の見本市、展示会、即売会など。マラソン EXPO など
	③パビリオン型	スポーツ、健康、スタジアム機器などのように、テーマ展示に特化した仮設の建築物、テント、展示館など
	④ミュージアム型	秩父宮記念スポーツ博物館、野球殿堂博物館など、博物館・美術館などでの展示
3. 会議・集会形式 一定のテーマの下に集まり、意見交換したり、話を聞く形式	①劇場型	オリンピアン・パラリンピアンの講演会、選手の壮行会・後援会、シンポジウム、フォーラムなど
	②教室型	ランニング教室・セミナー、ワークショップ、審判講習会など
	③会議型	国際競技連盟などの技術委員会や規則委員会など
	④集会型	スポーツ関連学会など
4. 式典形式 一定の伝統的形式に則った儀礼・儀式	①神儀型	靖国神社や三重県伊勢市で開催される奉納大相撲など、神事など
	②式場型	開・閉会式、表彰式など
	③現場型	スポーツ施設などの地鎮祭、開館式、除幕式など
	④自然型	山開き、海開き、キャンプ場開きなど
5. 宴会形式 交流・交歓を目的とした飲食を伴う集まり	①庭園・園遊会型	庭園やユニークベニューを会場とした宴会やパーティなど
	②宴会場型	ホテル、会館、スポーツ施設の会議室などを会場とした宴会やパーティなど
	③自宅型	国際大会やホストシティ、ホストタウン事業に伴うホームステイ先でのパーティなど
	④自然型	総合運動公園やキャンプ場などを会場としたバーベキューパーティなど

▶ 出典：『イベント業務管理士公式テキスト 1 級・2 級共通』2019（筆者一部改変）

資料　体操天皇杯 全日本体操個人総合選手権　大会要項

「体操 天皇杯」第 74 回全日本体操個人総合選手権

「第 32 回オリンピック競技大会（2020 ／東京）」日本代表第 2 次選考競技会

「第 74 回全日本体操種目別選手権男子トライアウト」

主催：（公財）日本体操協会

主管：東京都体操協会

後援：（一財）上月財団　　NHK

協賛：テーブルマーク　日本航空　三菱地所　明治　朝日生命　ミズノ

　　　　セイコーホールディングス　シミズオクト　セノー　東武トップツアーズ

　1．期　日　2020 年 4 月 15 日（水）～ 19 日（日）

　　　4 月 15 日（水）　会場設営　会場練習

　　　4 月 16 日（木）　会場練習　男女監督会議

　　　4 月 17 日（金）　男女審判会議　開会式　男子・女子予選競技

　　　4 月 18 日（土）　男子種目別選手権トライアウト・決勝出場者会場練習

　　　4 月 19 日（日）　男・女決勝競技

　　　※テレビ放映 NHK BS 12:00 ～ 13:05　　総合 13:05 ～ 15:00 予定

▶ 出典：日本体操協会 HP

　大会期間中のプログラム内容を基本形式に当てはめたものが、**図表 5-5** である。このように、スポーツイベントの行・催事プログラムは多くの場合、5 つの形式の組み合わせによって構成されている。

図表 5-5　スポーツイベントの行・催事プログラム内容（What）の構成
（体操天皇杯 全日本体操個人総合選手権の例）

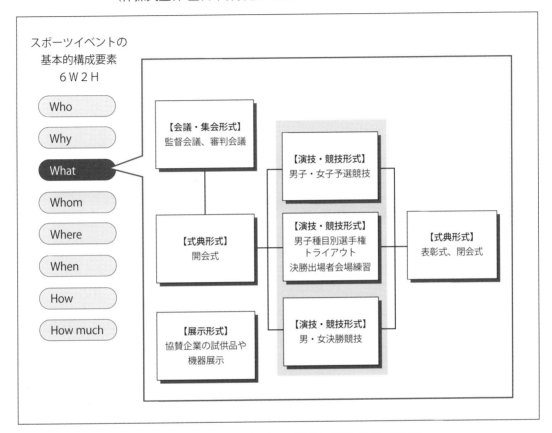

▶ 出典：『イベント業務管理士公式テキスト 1 級・2 級共通』2019（筆者一部改変）

■ 引用・参考文献一覧 ■

● 日本イベント産業振興協会人材育成委員会　監修『イベント業務管理士公式テキスト：1 級・2 級共通』
　日本イベント産業振興協会 2019 年
● 日本体操協会 HP「第 74 回全日本体操個人総合選手権大会要項」
　https://www.jpn-gym.or.jp/artistic/wp-content/uploads/sites/2/2020/02/20a_nai_you.
　pdf　2021 年 1 月現在
● 川西正志・野川春夫　編著『生涯スポーツ実践論：生涯スポーツを学ぶ人たちに 改訂 4 版』市村出版
　2018 年

第6節 スポーツイベントの プロジェクトマネジメント

　スポーツイベントの一般的な業務フローは、次のような段階を踏む。スポーツイベントの全体業務の制作管理手法として、プロジェクトマネジメントの活用は有効である。

図表 6-1 スポーツイベントの全体業務フロー

業務フロー	業務区分	業務内容
企画立案	基本構想	イベントの全体像を明らかにし、基本的な考え方や方針を定める。イベントの開催目的、コンセプト、テーマなどを中心に、プログラム、来場対象者、開催期間、予算など、イベント全体の概要を企画立案する。
計画策定	基本計画	基本構想の実現のための手段や方法を具体的に示し、費用・時間・技術といった課題や問題点とその解決策を提示する。
	実施計画	実施に向けた実務作業を詳細に表す。制作部門ごとに詳細な図面、仕様書、シナリオ、マニュアルなどを作成し、全体の整合性を確認する。
制作施工	制作発注 設営・施工	実務作業単位での発注を行い、イベントの実施に向けて品質管理・工程管理・予算管理・安全管理を行う。
会場運営	会場運営	参加者・来場者に「安全・安心」「快適」「円滑」にイベントを体験してもらうために、「会場施設」「サービス」「プログラム」を管理し、参加者・来場者をコントロールする。
結果の検証	評価	参加者数、収支、来場者アンケート、関係者の意見などを基にイベントを評価し、次回開催に向けた改善点を明確にする。

▦ 6 − 1　プロジェクトマネジメントの考え方

（1）プロジェクトマネジメントとは

　「プロジェクト」の定義について、米国のプロジェクトマネジメント協会は「独自の成果物、またはサービスを創出するための期限のある活動」としている。この定義によれば、スポーツイベントもプロジェクトである。

　「プロジェクトマネジメント」とは、プロジェクトを成功裏に完了させることを目指して行われる活動を指す。プロジェクトマネジメントには、プロジェクトを構成する各活動の計画立案、日程表の作成および進捗管理が含まれる。現在、プロジェクトマネジメント協会策定の知識体系 **PMBOK**（Project Management Body Of Knowledge）が世界中で広く受け入れられている。

（2）プロジェクトマネジメントの基本（PMBOK）

　PMBOK は、プロジェクトマネジメントのプロセスを「立ち上げ」⇒「計画」⇒「実行」⇒「監視・コントロール」⇒「終結」の 5 段階プロセスと 10 個の知識エリアに分類し、プロセスごとに作成・管理すべき事項を定義している（**図表 6-3** 参照）。

　また、スポーツイベントの業務フローと PMBOK のプロセスの対応関係は、**図表 6-2** のように示すことができる。

図表 6-2　スポーツイベントの業務フローと PMBOK のプロセス

スポーツイベントの業務フロー	PMBOK のプロセス
企画立案	立ち上げ
計画策定	計画
制作施工	実行 監視・コントロール
会場運営	
結果の検証	終結

図表 6-3　PMBOKの49のプロセス

10の知識エリア ＼ 5つのプロセス群	立ち上げプロセス群	計画プロセス群	実行プロセス群	監視・コントロールプロセス群	終結プロセス群
統合マネジメント	＊プロジェクト憲章の作成	＊プロジェクトマネジメント計画書の作成	＊プロジェクト作業の指揮・マネジメント ＊プロジェクト知識のマネジメント	＊プロジェクト作業の監視・コントロール ＊統合変更管理	＊プロジェクトやフェーズの終結
スコープマネジメント		＊スコープマネジメントの計画 ＊要求事項の収集 ＊スコープの定義 ＊WBSの作成		＊スコープの妥当性確認 ＊スコープのコントロール	
スケジュールマネジメント		＊スケジュールマネジメントの計画 ＊アクティビティの定義 ＊アクティビティの順序設定 ＊アクティビティの所要期間見積り ＊スケジュールの作成		＊スケジュールのコントロール	
コストマネジメント		＊コストマネジメントの計画 ＊コストの見積り ＊予算の設定		＊コストのコントロール	
品質マネジメント		＊品質マネジメントの計画	＊品質のマネジメント	＊品質のコントロール	
資源マネジメント		＊資源マネジメントの計画 ＊アクティビティの資源見積り	＊資源の獲得 ＊チームの育成 ＊チームのマネジメント	＊資源のコントロール	
コミュニケーションマネジメント		＊コミュニケーションマネジメントの計画	＊コミュニケーションのマネジメント	＊コミュニケーションの監視	
リスクマネジメント		＊リスクマネジメントの計画 ＊リスクの特定 ＊リスクの定性的分析 ＊リスクの定量的分析 ＊リスク対応の計画	＊リスク対応策の実行	＊リスクの監視	
調達マネジメント		＊調達マネジメントの計画	＊調達の実行	＊調達のコントロール	
ステークホルダーマネジメント	＊ステークホルダーの特定	＊ステークホルダー・エンゲージメントの計画	＊ステークホルダー・エンゲージメントのマネジメント	＊ステークホルダー・エンゲージメントの監視	

▶ 出典：『よくわかる最新PMBOK第6版の基本』2018年

　プロジェクトマネジメントは、プロジェクトの「品質」「納期」「予算」を守ることと考えられがちだが、単に予算や納期を守って成果物を完成させればよいというわけではない。これらはスポーツイベントを開催するための最低限保証されるべきことである。
　スポーツイベントの成功とは、スポーツイベントを開催することで目的を実現することである。この目的を最終成果物として設定し、実現させるために必要な課題をプロセスごとに抽出し、計画を実行・管理することが基本となる。

図表6-4　プロジェクトマネジメントを進める3要素

1）成果物管理

　「成果物」とは、タスクが完了したときに成果として完成したものであり、タスクが完了した証拠となるものである。タスクが会議の場合、議事録や次工程の ToDo リストなどが成果物となり、参加者募集の告知イベントであれば、参加者リスト、アンケート回答や事前登録者リストなどが成果物となる。

①成果物のリスト化

　はじめに、スポーツイベントの開催により成し遂げたい姿を最終成果物として設定する。どのような過程を踏まえて最終成果物に至るのかを関係者間で共通認識としておくこともコミュニケーションを円滑にするために重要である。**図表6-5** のように、抽出した成果物やタスクを関係性とともに一覧にしておく。

図表 6-5　成果物を参加者とした場合のリストの例

区分	成果物	タスク
中間成果物	事前登録者	開催告知 Web サイト・SNS アカウント開設
	先行申込者	事前登録者リスト整理 先行受付案内 申込受付体制の準備
	一般申込者	残数確認 広告宣伝、プロモーション、PR
最終成果物	参加者数	

②成果物の管理方法の設定・共有

　成果物はプロジェクトの進捗状況を把握するものでもあるため、適切に管理する必要がある。成果物の作成・確認タイミング、作成方法、管理場所などのルールを作成し、プロジェクトメンバーと共有することがポイントとなる。

図表 6-6　成果物管理方法の一例

成果物	作成者	タイミング	作成方法	管理方法
申込者数	マーケティング部	毎週月曜日	・申込者数 ・入金済み人数	人数のみ共有
議事録	総務部	会議翌日	・決定事項 ・次工程の ToDo など	・参加者にメールで共有 ・原本はファイリングして保管

2）課題管理

　「課題管理」とは、プロジェクトおよび各プロセスにおける成果物を完成させるために解決すべき課題を抽出し、課題ごとの解決策となるタスクを決定することである。

図表 6-7　課題管理のプロセス

1．発見
　プロセスごとの成果物を完成させるために、解決すべき課題を抽出する。

2．共有
　関係者の間で課題を共有し、重要性や優先順位について共通認識を持つ。課題を適切に可視化することで、関係者との合意形成が容易になる。

3．タスク化
　課題の解決策を、作業単位に分解し、担当と期限を決めて割り振る。課題とタスクは一覧表にまとめる。

4．監視・把握
　タスクの進捗状況について、経過と結果を記録する。タスクの遅延がある場合、影響範囲についてタスクを見直す。

3）スケジュール管理

　課題とタスクを基にスケジュールを立てる。スケジュール管理上では多様なツールが用いられているので、プロジェクトの規模や特徴に合わせてスケジュールを活用していく。

①バーチャート

　バーチャートとは、プロジェクトの業務内容と期間を一覧にした表である。縦軸に業務内容、横軸に時間を設定することで全体の工程表として用いられる。この方式の本格的なものは、考案者の名前から「ガントチャート方式」とも呼ばれる。

図表 6-8　バーチャートの例

	11月	12月	1月	2月	3月	4月	5月	6月	7月	8月	9月	10月	11月	12月
会議	理事会 全体会	全体会	理事会 全体会	全体会	理事会 全体会	全体会	理事会 全体会	全体会	理事会 全体会	全体会	理事会 全体会	全体会	全体会	理事会
事務局	開催計画		各種調整										報告書作成	
			各種申請		調達・契約管理								清算業務	
競技			競技計画				用具手配・審査							
						エントリー受付	資格審査		競技役員派遣●					
運営			運営計画				ボランティア募集		スタッフ教育					
						運営・警備マニュアル作成		更新						
会場			●契約								会場設営●			
			ゾーニング		レイアウト						会場検査			
輸送・宿泊			輸送計画				移動・宿泊先手配							
広報・宣伝			メディアリレーション											
			開催告知		大会プロモーション・プレイベント						開催告知			
マーケティング		スポンサーセールス				スポンサープログラム								
						チケット販売								
制作物		Webサイト				ノベルティ								
			ポスター・チラシ				プログラム								

(10月の列に「イベント開催」と縦書きで記載)

② CPM（Critical Path Method）

　CPMとは、各工程にかかる日数とタスク間の相互関係を明確にした工程表である。大規模で複雑なプロジェクトの推進のために開発されており、プロジェクトに必要な時間の積算やフローの問題点の把握がしやすい。CPMの基本的な考え方は、次のようなものである。

図表 6-9　CPMの基本的な考え方

> 1．一つの業務を、それを構成する複数の作業単位に細分化する。
> 2．細分化された作業と作業を前後関係によって矢線でつなぎ、矢線に作業名と所要時間を付記する。
> 3．矢線の経路ごとに所要時間を積算し、クリティカルパス（最長作業経路）を発見する。
> 4．各作業の最も合理的で都合のよい開始日時を決定する。

▶ 出典：『イベント業務管理士公式テキスト1級・2級共通』2019（筆者一部改変）

図表6-10　CPMの例

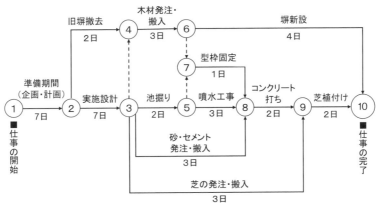

＊庭の改造計画＝「塀の新設と噴水のある芝生の庭の工事」のスケジュール

（参考：加藤昭吉著「計画の科学」講談社ブルーバックス）

▶ 出典：『イベント業務管理士公式テキスト1級・2級共通』2019

▦6−2　プロジェクトマネジメントの実践

　PMBOKでは49のプロセスに分類されているが、様々な事象が有機的・流動的に影響し合うスポーツイベントにおいては、各プロセスを個別に考えるのではなく、全体の流れの中で必要な業務に取り組んでいく必要がある。ここでは、プロジェクトの推進担当者の視点で留意すべき事項を紹介する。

（1）プロジェクト立ち上げ段階

　スポーツイベントが成功するかどうかは、プロジェクト立ち上げ時にどれだけ準備しているかで決まる。プロジェクトが始まると関係者も日ごとに増えるため、このイベントが成し遂げる姿としてゴールを明確に設定し、それを実現するための必要事項をまとめた全体計画書を作成しておくことが極めて重要となる。全体計画書を作成するポイントは次の通り。

1）開催後の変化を明確にする

　イベントの開催背景や趣旨に基づき、スポーツイベントを開催することで何を実現したいのかを明確に設定する。例えば「参加者は競技志向が強いのか、レジャー志向が強いのか」「参加者にはどのような変化を促したいのか」「開催

地や社会にどのような影響を与えたいのか」「イベントのブランドをどのように築いていくのか」などを具体的に設定することで、その後のプロジェクト管理の軸を作っていくことができる。

2）取り組む範囲を明確にする

プロジェクトとして取り組む範囲を設定する。スポーツイベントの企画を進めると、様々なアイデアが加わり、やりたいことが増えてくる。例えば、子ども向けのスポーツイベントに保護者向けのプログラムが加わると、その実現に必要以上の労力がかかってしまう可能性がある。このようにならないように、やらないことを決めておくことも重要である。

3）プロジェクトメンバーと役割を明確にする

関係者が増えてくると担当や責任が曖昧になりやすい。プロジェクトメンバーは誰で、どのような役割を担うのかを明確にすることで、業務上のコミュニケーションが円滑になる。また、どの会議で何を決めるのか、誰が決定するのかなどを決めておくことで、各プロセスを円滑に進めることができる。

4）ステークホルダー（利害関係者）を整理する

プロジェクト関係者だけでなく、参加者、開催地、近隣住民、関係団体など、スポーツイベントの開催により影響を受ける対象者をリストアップする。ステークホルダーは、企画するスポーツイベントにどのような期待や要求を持っているかを整理する。併せて、相互にどのようなつながりを持っているかを把握しておくことで、制作全体の効率化を図り、開催効果の最大化につなげることができる。

（2）プロジェクト立ち上げ後

プロジェクトが立ち上がった後は、各プロセスや大小様々な関連プロジェクトが同時並行に進んでいく。個々の業務について進捗管理をしていくとともに、全体目標としての進捗に遅滞がないか、よりよい成果につなげていくことができるかを柔軟に考え、対応していく。

1）客観的な現状認識をする

評価時点における成果、業務目標の達成度合いといった事実を基にした目標

管理と、業務が計画通りに行えているかどうかのプロセス管理を行う。告知・集客業務を例にすると、見込んだ参加人数が集まっているか、計画した告知業務は全て行えているかどうかを確認し、不足している場合、追加の行動計画を用意する。

2）標準化を進める

　標準化とは、関係者が共通して認識したり、使用できたりするように基準を定めることである。スポーツイベントの企画・制作を進めていると、参加申込受付や問い合わせ対応のように、繰り返し行う業務、何度も必要になる情報などが数多く発生する。特定の個人だけが業務を担当するのではなく、チームとして対応できる組織的な推進体制を整備するためにも、情報・知識・技能などを資料やマニュアルに明文化することが有効である。その際、共通の書式を用意することで、どこに何が書かれているのかをすぐに判断できるようになる。

3）PDCA サイクルを回す

　PDCA サイクルとは、Plan（計画）⇒ Do（実行）⇒ Check（評価）⇒ Action（改善）の 4 段階を繰り返すことにより、業務を継続的に改善していくマネジメント手法である。PDCA サイクルを回すポイントは次の通り。

1．目標・期限設定を具体的に行う
　計画時点で目標や業務の期限を具体的に設定することで、すべき行動が明確になる。目標が具体的であるため、評価も明確になり、改善策の精度を高めることができる。

2．進捗のズレをポジティブに捉える
　スポーツイベントの制作が当初計画通りに進むことはあまりない。進捗のズレを曖昧に取り繕うのではなく、よりよい業務プロセスへの見直し機会と受け止める。

3．上位の PDCA を意識する
　PDCA サイクルには階層がある。スポーツイベントの目的を果たすための PDCA が最上位にあり、下位の PDCA は上位から見ると課題に相当する。スポーツイベントの成功に大きな影響を持つ PDCA を意識し、改善していくことが重要である。

図表 6-11　PDCAの例

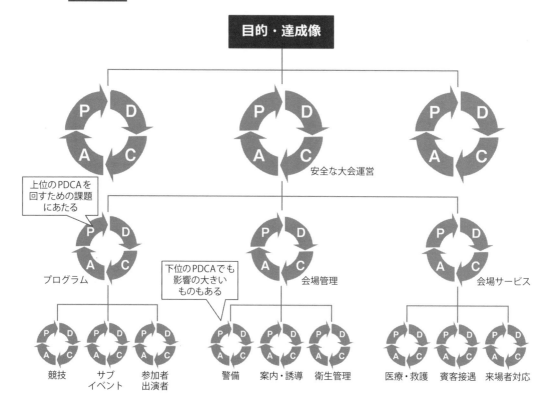

（3）プロジェクト推進

　スポーツイベントには多種多様な期待があり、開催までに成果の最大化に向かって取り組む姿勢が重要である。個々の業務を効率的に行い、より多くのプロジェクトを実現できる体制を整えていく。

1）コミュニケーション管理

　プロジェクトメンバーだけでなく、ステークホルダーに対して必要な情報を適切なタイミングで伝えていくことで業務プロセスが円滑に進む。「誰が」「何のために」「どんな情報を」必要としているのかを常に把握する。用途に合わせてコミュニケーション手法を選択する（**図表 6-12** 参照）。

図表6-12　コミュニケーション手法

手段	説明	例
相互型	複数の参加者が双方向で情報をやりとりする。共通の理解を得たい場合に効果的である。	会議、電話、チャットなど
プッシュ型	特定の相手に一方的に情報を送る。相手が受け取ったかどうか、正しく理解したかどうかはわからない。	電子メール、メモ、報告書など
プル型	不特定多数の相手に広く情報を公開し、受け手が自分の意思で情報をとりにいく方法。	Webサイト、SNS、掲示板、公開文書など

2）リソース（資源）の見直し

　業務の進捗状況や集中具合によりスタッフの配置や役割を柔軟に変えたり、成果物の品質を維持・向上させるために費用を追加したりする。追加で投入される人員や予算等の資源をどこに配分していくのかの調整も、プロジェクト全体のバランスを見て行っていく。

3）企画とリスクの選択

　スポーツイベント開催の計画時点から、日々思いついた様々なアイデアや企画が発生する。企画には大小様々なリスクも内包されている。その企画は目的実現のために必要なのかどうか、その企画を実現するためのリスクは対応可能なのかどうかを判断していく。

▓6－3　スポーツイベントの評価

　スポーツイベントを継続的に開催・成長させるためには、開催後にイベントを評価し、次回開催に生かす必要がある。目的達成を確認するにはどのような数値・事象を評価するのか、成長につなげるためにはどのような項目を把握しておくのかを予め設定しておく。規模や形態にかかわらず、基本的に確認しておくべき評価項目は次の通りである。

図表 6-13　スポーツイベントの評価項目

> **１．参加者・来場者数**
> 　参加者、来場者、ボランティア、スポンサー、出展者など。
>
> **２．満足度**
> 　イベント全体、プログラム、コンテンツ、運営サービスなど。必要に応じて対象ごとに実施。
>
> **３．情報発信度**
> 　メディアへの露出状況、SNS での拡散状況など。数値的な確認に加え、どのようなイメージで情報が広がっているかを把握する。
>
> **４．経済効果**
> 　事業収支や経済波及効果。
>
> **５．創出効果**
> 　スポーツイベントの企画から開催を通じて、何らかの取り組みや価値が生まれたかどうか。

　評価を行うには、評価のための素材が必要となる。特に定期開催されるイベントにおいては、同じ素材での評価を続けることで、適切な評価につながる。評価の素材は、大きく３つに分けられる。

図表 6-14　イベント評価のための３つの素材

> **１．客観的な数字**
> 　来場者数、協力者数、収支など、実数把握できるもの。マスコミに扱われた件数など、あいまいではあっても把握できるもの。
>
> **２．来場者アンケート**
> 　来場者の視点で、イベントを評価する極めて重要な素材。基本的には来場後に出口などでアンケートを行う。
>
> **３．関係者の意見や感想の聴取**
> 　スタッフの意見は、内部アンケートや反省会などでしっかりと把握。スポンサー、交通機関、警察などの関係者の意見も大切。

▶ 出典：『イベント・マネジメント』2004

　以上の評価に加え、開催概要や当日の様子を撮影した写真や映像を報告書に
まとめ、次回開催に向けた資料として活用する。適切な評価を行うことで、次
回への改善案も明確になる。これに取り組むことで、イベントを開催するたび
によりよいものへと成長していくことができる。

■ 引用・参考文献一覧 ■

● 田中洋『イベント業務管理者 参考書 文化・スポーツイベント全般の構成と業務管理』日本イベント産
　業振興協会 1997 年
● 日本イベント産業振興協会人材育成委員会 監修『イベント業務管理士公式テキスト：1 級・2 級共通』
　日本イベント産業振興協会 2019 年
● 宮地克昌『イベント・マネジメント』日本イベント産業振興協会 2004 年
● 日本イベント産業振興協会 JACE ブレインネットワーク編『スポーツイベントで社会を元気に：チカラ
　解き放て』日本イベント産業振興協会 2014 年
● 前田和哉『PMBOK 第 6 版の知識と手法がこれ 1 冊でしっかりわかる教科書』技術評論社 2019 年
● 鈴木安而『よくわかる最新 PMBOK 第 6 版の基本：プロジェクトマネジメントの最新トレンドを理解』
　秀和システム 2018 年

第7節 スポーツイベントのリスクマネジメント

▦ 7-1　イベントとリスク

まず、「リスク」とは何か。

プロジェクトマネジメントの世界標準として世界各国で活用されている知識体系 PMBOK によると、「リスクとは、それが発生すれば少なくともスコープ、スケジュール、コスト、品質といったプロジェクト目標に影響を与える不確実な事象・状態」とある。イベントというプロジェクトにも、この説明は当然当てはまる。リスクが発生すれば、イベント制作のコストや品質に影響を与え、スケジュールにも大きな影響を与えるのである。

本テキストでは、リスクを「イベントの制作・運営に支障や損害を生じさせる事態（ミスやトラブル、危険や危機）のこと」とする。 イベントの基本的リスク要因には、自然災害要因（地震や台風、猛暑等）、人的事故要因（失火や操作ミス等）、特殊事件・事故要因（戦争や経済混乱等）がある（**図表 7-1** 参照）。

図表 7-1　イベントの基本的リスク要因

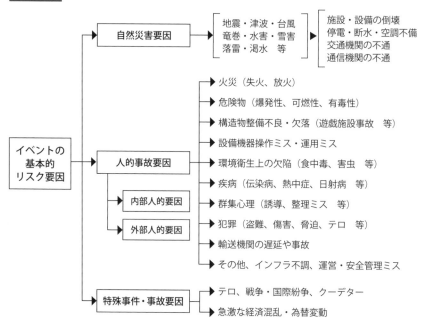

▶ 出典：『イベント業務管理士公式テキスト 1 級・2 級共通』2019

▓7－2　イベント制作とリスク

　スポーツ関係のみならず、イベントの企画・計画段階における主なリスク要因には、開催日程や開催時間のスケジュール設定のミス、立地や会場施設選択のミス、資金不足や経営計画の不在などが考えられる。

　続いて制作・準備段階における主なリスク要因として、会場施設設営・施工スケジュール管理ミス、会場施設・設備・使用機材の確認ミス、スタッフ配置計画のミス、警備計画・清掃計画のミス、広報・宣伝計画のミス等がある。

　実施・運営段階における主なリスク要因としては、設営・施工物の仕上がりチェックミス、リハーサル不足、来場者の予定外の行動への対応ミス等がある。

　イベントに関わるリスク対策の基本中の基本は、法律に則った適切な許可申請や認可を受けておくことである。

　警察署に関係する法規制としては、主に**道路法**と**道路交通法**があり、マラソン大会や自転車レース等のイベントで道路を使用する場合には、道路管理者や所轄の警察署に対し手続きと申請が必要になる。

　消防署に関係する法規制には、**消防法**に基づく建築規制等がある。火災を未然に防ぐための消火設備や非常口、避難通路の確保を義務付け、裸火の使用を制限する等である。大型の仮設建築物も、基準は基本的に同じである。また、ステージ等の工作物には、不燃性や難燃性の素材の使用を義務付けている。

　イベント会場内で飲食店、もしくは飲食品提供サービスコーナー等を営業する場合には、**食品衛生法**による食品営業規制があるため、保健所の許可が必要である。移動式飲食店に関しても、仮設施設と同等の設備が義務付けられている。

　製造物責任（PL）法は、製品の欠陥によって生命、身体または財産に損害を被ったことを証明した場合に、被害者は製造会社等に対して損害賠償を求めることができる法律である。

　最後に、環境に関する法令には、環境基本法を筆頭に、自然保護分野から、公害、資源の利活用に関わるもの等多岐にわたる。どのような時に規制の対象となるのか、どのような対応（届出・報告等）が必要なのか理解しておく必要がある。

　以上の通り、不特定多数が集まる、非日常空間を提供するための仮設物や特殊な演出が多いイベントは、多くの法規によって安全が担保されているという一面もある。

▓7-3　スポーツイベントとリスク

　スポーツイベントは屋外で実施することも多く、屋外といっても人が管理する広場や公園、フィールドなどのスポーツ・レジャー施設だけでなく、まさに大自然の中で実施することも多い。空を競技会場とするエアレース、スカイダイビング等、海を競技会場とするオープンウォーター（公海）スイム大会、スキューバダイビング等、山を競技会場とするロッククライミング、トレイルランニング等、また冬季競技としてはスキーやノルディック等がある。どれも大自然をフィールド（競技の場）とするため、天候や環境の変化を予測しながらの慎重な企画・計画・運営が求められる。

　また、ランニングイベントやサイクルスポーツイベント等では広域にわたり、数万人規模の競技者が出場し、それを応援、観戦する観客が数十万人規模の大会もある。この場合に気を付けなければならないのが群衆事故・災害である。群衆事故としては、1989 年に英国シェフィールド市のヒルズブラ・スタジアムで起きた観客 96 人の圧死事故が特筆される。

　イベント会場内の導線によっては、通路が狭くなっている箇所や見通しの悪い箇所があり、通行者のちょっとしたつまずき等で将棋倒しになる可能性や、情報不足による心理的な不安が群衆パニックを発生させる可能性があるため、来場者の通行制限や導線の確保、迂回路の用意等を考慮した綿密な企画・計画・運営が求められる。

　このように、イベントの中でも、スポーツイベントはよりリスクの高いジャンルといえる。スペクタクルでエキサイティングなイベントとして歓迎される一方で、そのリスクの大きさを考えれば、当然万全の対応準備がなされていなくてはならない。

▓7-4　スポーツイベントのリスクマネジメント

　リスクマネジメントとは、リスクを特定することから始まり、特定したリスクを分析して、発生頻度（発生確率：possibility）と影響度（重篤度・ひどさ：severity）の観点から評価した後、発生頻度と影響度から求められるリスク度に応じて予防対策を講じる、一連のプロセスをいう。また、リスクが実際に発生した際に、事故・災害による被害を最小限に抑える**危機管理活動（クライシスマネジメント）**を含む。

　リスクマネジメントでは、効率を下げる重要項目を「リスク」として扱い、予測、予防、対応、処置までの管理を行う。リスクには、物の紛失などのイージーミスから、天災、人災、人身事故まで、イベントが中止に追い込まれるどころか、主催主体（主催者、イベント運営会社、警備会社等）の社会的責任に及ぶものまで含まれる。

　リスク管理は、リスク要因を抽出することから始まる。抽出手法としては、イベントの関係者が集まって行う**ブレーンストーミング**を活用する。主催主体のリーダーが集まり、メインスタッフ内だけでなく、イベントのベテラン経験者や競技の専門家、有識者などを集めた形でミーティングを開催するとよい。多様な人の知識や経験を生かすことによって、一人では気が付かないリスクに到達できる。

　抽出したリスクには、「高確率で発生しそうなもの」「発生確率の低いもの」「発生したとしても大きな影響を与えないもの」等、様々なリスクが含まれている。リスクの重要度を分析し、重み付けを行い、リスク管理の優先度を決定する。具体的には、それぞれのリスクに対して発生確率と発生した際の影響度を見積もり、優先的に対応すべきリスクとそうでないリスクに区分する。

（1）リスクに対する戦略

　リスクに対する取り組み方として、次の4つのマネジメント戦略がある。

1．回避
　リスクが予見される作業を実施せず、代替作業によって目的を達成できないか、もしくはリスクの要因を潰すことを考えること。
2．受容
　発生時のインパクトよりも対処コストの方が高くつく場合に、そのリスクをあえて引き受けた方が有利かどうかを考えること。
3．緩和
　リスクの発生確率を最小限にするには、どのような手を打てばよいのかを考えること。または、発生時のインパクトを最小限にする、すなわちリスクが起きてから後工程への影響を最小限に抑えるにはどうすればよいかを考えること。
4．転嫁
　第三者、例えば保険会社や警備会社などにリスクを引き受けてもらえないかを考えること。

　想定されるリスクはほぼ無限にあり、その全てに対応しようとすれば、無限に近いコストと時間と手間がかかる。**リスクの重要度に合わせて対応の仕方を決めておくことで、メインスタッフ全員が同じ認識を持つことができる。**

（2）スポーツイベントと保険

　スポーツイベントでは、できるだけ事故が発生しないように管理することは当然だが、不可抗力も考えられるため、保険をかけることでリスクを「転嫁」することも必要である。保険で取り扱われる範囲が広いのがイベントの特徴で、イベントならではの保険として「興行中止保険」もある。

◆イベントに関連する主な保険
　○興行中止保険
　○賠償責任保険
　○傷害保険
　○財物損害賠償保険
　○労災保険
　○スポーツ・文化法人責任保険[※]

▦7－5　スポーツイベントの安全対策

　スポーツイベントにおける安全対策のポイントについて述べる。

（1）会場チェック

　安全対策として事前にできることの第一は、開催予定現場の下見である。主催者をはじめとするメインスタッフで開催予定の現場へ出かけ、本番プログラムに沿って予行演習をするとよい。スポーツ種目にもよるが、実際の競技道具や器具を持ち込み、試しに競技の一部をやってみると気付くことが多くある。

　※　スポーツ・文化法人責任保険：NPO法人化した総合型地域スポーツクラブなど、法人が社会教育活動中の賠償事故に備えるための保険。

　その際、イベントスタッフだけではなく、競技のことを熟知している指導員やアスリート（現役引退者でもよい）等の専門家とともに、問題点の有無をチェックすることの重要性は言うまでもない。問題・課題があれば、当然場所の変更や運営の改善を行う。競技会場だけでなく、利用施設（更衣室、シャワー、トイレ等）や宿泊施設、備品の確認も怠ってはならない。障がい者スポーツの視点が必要な場合は、アクセスやバリアフリーの状況も確認を行う。

　自然の中で行うスポーツイベント（クロスカントリーやオリエンテーリング等）だと、昼間の下見では何の問題もなくとも、日が暮れると明かりが全くないという状況も考えられる。事前準備や撤収作業が夜間に及ぶこともある。その場合は、投光器等を用意して、通路や導線の照度を十分確保することが必要である。

（2）救急体制

　次に、事前・当日の救急体制の構築である。

　スポーツイベント主催者は、開催日や開催内容等を所轄の消防署、最寄りの各医療機関に伝え、事前の了解を正式に得る。また、主催者は周辺の消防署や医療機関の連絡先、場所・距離・所要時間等を確認しておく。スポーツイベントは休・祝日開催が多いため、救急当番の病院や夜間診療機関まで確認しておくことも大切である。スポーツの種類によっては、整形外科、呼吸器科、内科等、必要とされる専門の診療科が変わることもある。

　開催当日の救急体制として、開催規模や内容に応じて、医師や看護師などの人数を決定し、地域の医療機関と調整して会場内に常駐するように手配する。その場合、イベント会場に建物があればその中に、なければ仮設テント等を救護所・休憩所として用意する。救急車を要請する場合も考慮し、救護所までのアプローチや停車位置などを事前に確認し、その場所を確保しておく。

　山奥や海浜、島嶼等でスポーツイベントを実施する場合に頼りになるのが、救急医療用ヘリコプター、通称ドクターヘリである。ただし、着陸場所等、事前に綿密な打ち合わせや相談をしておく必要がある。

（3）天候対応

　大会本番中で主催者が一番気になることは、天気の状況・天候の変化であろう。大自然の中での開催は、局地的な雨による河川の急な増水、がけ崩れの発

生、また落雷や竜巻の発生、そして急激な外気温の変化による低体温症、あるいは熱中症等が起こる危険性は否定できない。

　荒天時には、開催前に中止するか、時間を短縮し実施するか等を決定しなければならない。競技内容によっては雨天や強風、霧が発生しては危険、または開催が困難という場合もあり、競技プログラム内容を短縮したり、変更したりする対処が考えられる。

　スポーツ種目によっては、近隣の屋内スポーツ施設を借りておき、「荒天時プログラム」を実施できることもある。主催者も競技参加者も「できれば開催したい」という思いは同じであろう。条件や予算上可能であれば、当日、速やかに変更できるプランBも準備しておくとよい。

（4）安全管理チェックリスト

　現場のスタッフが具体的に実施できる「安全管理チェックリスト」を作成する。
　チェックリストの基本として、競技用の施設・用具の安全管理がある。施設や用具のセットは、イベント開催用に仮設されたものが多いため、固定すべきところが外れている、ネジが緩んでいる、強度が弱い、大きな負荷がかかっている等、安全上の不備があるかもしれない。チェックリストに基づき事前の確認を徹底し、競技参加者がケガをしないよう確認を徹底する。

（5）安全教育

　スポーツイベントに関わる関係者全員（主催者、スタッフ、臨時スタッフ、競技参加者等）に対するリスクマネジメントの教育・訓練を行う。一般的には、各部門・部署の安全管理責任者を任命し、その下で安全指導スタッフを通じて教育や訓練を行う。

1）スタッフに対する安全教育

　スポーツイベントに関わるメインスタッフは、安全に対しての知識と基本的な対処方法（応急処置やAEDの使用法等）を予行演習しておくことが大事である。主催者側で教育が難しい場合には、日本赤十字社や消防署等で開催している講習を受講させることもできる。まずメインスタッフの全員が、安全に対する強い意識を持ち、知識と技術を身に付けておくことが求められる。

2）臨時スタッフへの安全教育

　近年、スポーツイベントの規模が大きくなるにつれ、多くの競技出場者や来場者への対応に合わせて、多くの臨時スタッフやボランティアが必要となっている。ただし、ボランティアはスポーツやイベント経験の乏しい一般市民であることも多く、事件や事故が発生した場合に対処できず傍観してしまうことも考えられ、初動対応の遅れが危惧される。ボランティアは、少なくとも「当該競技のリスクについて理解していること」「救護所や AED の位置を把握していること」等が必要である。

　また、最近では大学・専門学校、または高等学校の学生等が学外授業としてスタッフ参加することも増えてきている。事前研修で安全への心構えや参加者への対応を教えたり、基本的な応急処置ができるよう講習会を実施したり、スタッフとして常に安全に対する意識を持ち、いざというときに現場で慌てずに行動できる自信を持たせることが大事である。

3）競技参加者への安全説明

　参加するスポーツイベントにどのような危険要因があるのかを、参加者が事前に理解していることが大切である。主催主体は、競技にエントリーした人を集めた大会前のオリエンテーションを開催し、今回の開催場所でどこに危険性があるのか、どのような行為が危険なのかといった具体的な説明を行う。

　競技する場所の状況や使用する器材等を事前によく知っておくことで、どうすれば危険を回避できるのか、自分自身で判断できるようになる。大切なことは、競技参加者が「自分の安全は自分で守ること」を前提としたセルフ・リスクマネジメントを身に付けてもらうことである。

　また、競技参加者自身のリスクに対しても、意識付けを呼びかける。エントリーする際に、開催内容に対し事前の了解を得るため「参加申込書」や「健康シート」の提出を求める。参加者によっては、持病やアレルギーがあったり、競技中の留意点があったりする場合がある。いざというときのための薬を持参してもらうこと等も安心感につながる。もちろん大会当日にも、競技参加者に十分な自己点検（健康チェック）の実施を求めることが大切である。

（6）緊急時対応

　万が一事故が発生したときには、できるだけ冷静に状況を確認、応急処置を

行い、速やかに主催主体または大会運営本部へ連絡を行う。事故現場から直接救急車を呼ぶことは控え、本部で一元化し出動を要請してもらう。

　関わるスタッフが緊急時にスムーズに対処できるよう、「緊急時対応マニュアル」を作成する。それを全スタッフが持ち歩いて見ることができるようポータブル版として配布したり、すぐに一覧できるような場所に貼り出しておいたりといった万全の準備が求められる。「緊急時対応マニュアル」は、全スタッフはもちろんのこと、警察・消防・保健所・病院等や、宿泊施設等にも周知を徹底しておくことが大事である。

　事故発生時は、現場スタッフから大会責任者まで、できるだけ時間差なく連絡できる体制を整えておく。通常業務の連絡体制とは分けた、緊急時対応のシステム（緊急時用のスタッフ体制やトランシーバーのチャンネル分け等）にしておくことも大切である。

　事故発生時の原則は、大会責任者自らが「現場・現物」で確認することである。報告者から起こったことの要点を聞くだけでなく、事故現場に出向き、関わった人全員に話を聞くことは、事故の実態を正しく認識するだけでなく、イベントの責任者がきちんと「現場・現物」でリスクを認識し対処することが大切だからである。リスクは起こらないに越したことはないが、起きてしまったときの対応の姿勢が問われる。結局は、策や手法ではなく、責任者自らによる誠意ある対応が一番である。

　事故後の「報告」も怠ってはならない。事故の起こった経緯、ケガの状況、現場でとった対処等を、できるだけ早く報告する必要がある。事故レポートは、主催主体から警察、消防等へもシェアされ、次いで事故被害者の関係者（所属団体や家族等）の元へと伝えられるものなので、速やかな対応を心がける。

◆事故レポートの主な内容
　①事故発生日時
　②被害者名
　③事故発生状況
　④傷害部位・状態
　⑤対処
　⑥医療機関での診断

　例として、プール等の施設ではない公海でのスイミングイベント「オープンウォータースイム大会」であれば、水難事故の発生状況として「水温が低かっ

た」「船舶との接触」等、詳細に記述する。また、事故者の症状として「意識があった」「体が痙攣していた」等、スタッフの緊急対処内容として「ライフセーバーによりすぐに心肺蘇生を行った」等、できるだけ具体的に記述する。

7－6　スポーツイベントの安全管理責任

スポーツイベントの主催者には、次の3つの安全管理責任がある。

> **1．安全配慮義務**
> 　参加者の安全に配慮すること
> **2．危険予見義務**
> 　イベント中に発生する可能性のある危険性を予測すること
> **3．危険回避義務**
> 　予見できた危険によって生じるであろう事故を回避すること

こうした義務を果たしていないと、法的責任を問われることもあり得る。主催者は、会場や施設、競技の特性等を勘案した上で、イベント開催に伴うリスクを予見し、洗い出し、各々のリスクを回避、または低減するための適切な対策を講じておく責任がある。

スポーツイベントにおいては、一般人であるボランティアが運営に関わることが多くなる。もしボランティアが事故を引き起こした場合、主催者や安全指導者が事故を未然に防ぐための注意義務を怠っていた、または十分な教育が実施されていなかったということで主催者に過失があると判断されれば、ボランティア（無償の非正規雇用者）が発生させた事故であっても安全管理責任が発生し、法的責任に問われることも考えられる。

また、発生したリスクに違法性があり、社会的な問題になる場合も含め、事態が拡大する可能性がある場合は、対策体制を速やかに敷く必要がある。その中には、広報によるマスコミ対応やSNSによる情報提供等も含まれる。

▦ 7－7　スポーツイベントとテロ

　最後に、スポーツイベントがグローバル化するにつれ、国際政治や信条のトラブルから引き起こされる事件も大問題となってきている。いわゆるテロである。

　1972年オリンピック・ミュンヘン大会での、パレスチナゲリラが選手村のイスラエル選手宿舎を襲撃した事件。2013年4月15日、アメリカ・マサチューセッツ州ボストンで開催された、第117回ボストンマラソンでの爆弾テロ事件等が思い出される。ボストンマラソンの事件を受け、2015年の東京マラソンでは、警視庁や主催者の東京マラソン財団は、過去最大規模の約1万人の厳戒態勢で警戒に当たった。ユニークな取り組みとしては、頭部に小型カメラをつけたランニングポリス（走る警官）64人が市民ランナーに交じってコースを走ったことが挙げられる。

　国際的なテロに対する予防策は、スポーツイベントの運営本部にできることは限られているが、政府・警察とも連携し、会場での警備・警戒を強める等の協力を行う。万が一、テロの発生時には、大会スタッフを含めた各機関（警察・警備会社・消防機関等）が誘導方針を共有して、競技参加者・来場者等を避難誘導する必要がある。各機関が適切な情報共有の下、避難誘導方針を統一し、警備・誘導スタッフが所属機関を問わず一貫した避難誘導を実施できる仕組みが求められる。

　国際的なスポーツイベントには、外国から参加する選手や観客も多い。訪日外国人旅行者は、災害時には国民・住民と比べ様々なハンディキャップ（土地勘がない、言語の違いで情報が理解できない等）を負うことを認識する必要がある。対策としては、多言語による情報提供のツール整備に努めること、避難場所マークを統一しておくこと、またイベント用ホームページでの緊急時サイトやスマートフォン用アプリサービスを開設しておくこと等が挙げられる。

　スポーツイベントのリスクマネジメントについて説明してきたが、万全の準備をしていても、何が起こるかわからないのがイベントともいえる。しかしながら、問題が発生してから場当たり的に対応するのではなく、事前にリスク対策をきちんと計画することの大切さを、主催主体や関係組織全体で認識することが大事である。

■ 引用・参考文献一覧 ■

- MS&AD インターリスク総研 HP「企業リスクインフォ＜ 2013　No.3 ＞スポーツイベント開催における
  リスクへの対応」
  https://www.irric.co.jp/risk_info/erm/2013_03.php　2021 年 1 月現在
- 貝辻正利『イベントを安心して楽しんでいただくために：企画・実施管理から警備に至る実戦的手法』
  講談社エディトリアル 2014 年
- 鈴木達志ほか『安全・安心スポーツガイドブック』スポーツ安全協会 2011 年
- スポーツ安全協会 HP「スポーツ・文化法人責任保険」
  https://www.sportsanzen.org/hojin/　2021 年 1 月現在
- 宮地克昌『イベント・マネジメント』日本イベント産業振興協会 2004 年
- 梶原貞幸 編著『イベント・プロフェッショナル：イベント業務管理士共通スキル公式テキスト 2』日本イ
  ベント産業振興協会 2012 年
- 日本イベント産業振興協会『屋外型イベント「安全ノート」』2014 年
- PMI 日本支部 HP「PMBOK® ガイド第 5 版紹介シリーズ 第 9 回リスク・マネジメント」
  https://www.pmi-japan.org/topics/pmi1/pmbok_5_9.php　2021 年 1 月現在
- 山澤文裕 監修 野口宏 編集『マラソン・ロードレース救護・医療体制整備指針：フルマラソンから小
  規模レースまで – 安全に運営するために…』真興交易医書出版部 2020 年

夏季のスポーツイベントにおける熱中症

1. 熱中症のリスクの評価

　蒸し暑い日本で開催される夏のスポーツイベントでは、熱中症の危険が高くなることは容易に理解できますが、正しく、熱中症に対するリスクを知り、対処することが重要です。

　熱中症を引き起こす暑熱環境の評価としては、気温、湿度、日射・輻射、風の要素を積極的に取り入れた「暑さ指数」（WBGT）が有効です。この暑さ指数（WBGT）を用いた活動の指針を、日本スポーツ協会では「熱中症予防運動指針」として公表しています（**図表①**参照）。

■図表① 日本スポーツ協会 熱中症予防運動指針

暑さ指数 （WBGT）	熱中症予防運動指針
31℃〜	**危険（運動は原則中止）** 特別の場合以外は運動を中止する。特に子どもの場合には中止すべき。
28〜31℃	**厳重警戒（激しい運動は中止）** 熱中症の危険性が高いので、激しい運動や持久走など体温が上昇しやすい運動は避ける。10〜20分おきに休憩をとり水分・塩分を補給する。暑さに弱い人※は運動を軽減または中止。
25〜28℃	**警戒（積極的に休憩）** 熱中症の危険が増すので、積極的に休憩をとり適宜、水分・塩分を補給する。激しい運動では、30分おきくらいに休憩をとる。
21〜25℃	**注意（積極的に水分補給）** 熱中症による死亡事故が発生する可能性がある。熱中症の兆候に注意するとともに、運動の合間に積極的に水分・塩分を補給する。
〜21℃	**ほぼ安全（適宜水分補給）** 通常は熱中症の危険は小さいが、適宜水分・塩分の補給は必要である。市民マラソンなどではこの条件でも熱中症が発生するので注意。

※ 暑さに弱い人：体力の低い人、肥満の人や暑さに慣れていない人など。

2.　イベント会場での工夫

　夏季に開催されるスポーツイベントでは、会場の中や周辺で、選手以外にも来場者やスタッフが熱中症になるリスクが高くなりますが、イベント会場の施設や運営方法を工夫することで熱中症リスクを下げることができます。そのためには、暑さ指数（WBGT）が気温のほか、日射や湿度の影響を考慮していることから、それぞれを緩和することが求められます。

　具体的に、熱中症リスクを下げるためには、次の点が重要です。

・日差しを遮る

・風通しを確保する

・なるべく人の密度を上げない（人が密集することも暑熱環境を
　悪化させる）

　上記の内では、「日差しを遮る」のが最も効果があります。

　「日差しを遮る」には、風通しに配慮しつつ樹木やテントなどで日陰をつくる、施設に屋根を設ける等が想定されます。夏季のイベント会場で測定された事例では、例えば、日当たりのよい公園内では、樹木の有無で暑さ指数（WBGT）の差が2〜2.5℃となり、風通しが悪い場合は、さらにその差が大きくなりました（**図表②**参照）。

■図表②　日なたおよび日陰の暑さ指数（WBGT）の変化

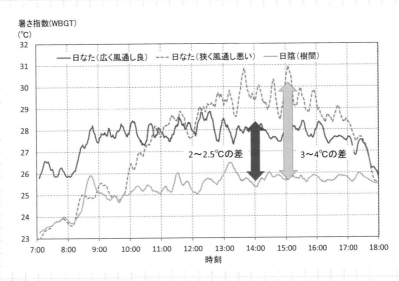

　また、1万人以上収容のスタジアム等では、メインスタンドの大屋根の下では、屋根のないところに比べて暑さ指数（WBGT）が2℃程度緩和され、前述の熱中症予防運動指針などで1ランク程度緩和されることが示されています（**図表③**参照）。

■図表③　スタンドの大屋根による日陰の効果

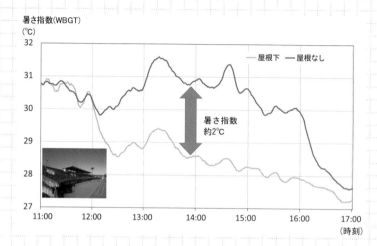

　なお、日陰を確保するテントの形状は様々です。**図表④**の（b）のテントが一般的で多く用いられますが、（a）のような形状の場合には風通しが悪くなり、かえって熱中症リスクを高める場合もあり、日陰を常に確保できるように開口部の向きなどを含め注意が必要です。また、（c）のように空調付きのテントは、具合の悪くなった方の救護・一時休息等に効果的です。

■図表④　各種テントの形状

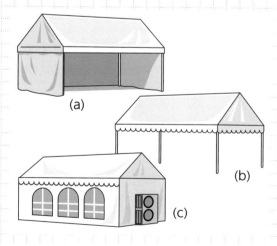

3．イベント会場の暑熱環境の把握

　イベント会場の暑熱環境を把握するにあたっては多くの場合、気温の予報を参照する場合が多いと思いますが、湿度や日射の効果を含めて、暑さ指数（WBGT）に注目することが重要です。環境省では、気象庁の観測結果や独自の測定結果から、全国の暑さ指数（WBGT）の実況と予測について、「熱中症予防情報サイト」（https://www.wbgt.env.go.jp/）で公表していますので、「今日はどれくらい暑さ指数（WBGT）が高くなるのか、どの時間帯が危険なのか」などについて参照することが可能です。

　2021年夏からは、環境省と気象庁が共同で、暑さ指数が一定の値を超え熱中症のおそれが非常に高まると予想された場合には「熱中症警戒アラート」（仮称）を発表する予定です。この情報が発表される場合には、極端に厳しい暑熱環境であるということなので、イベントの運営では中止を含め、細心の注意・更なる警戒の呼びかけが必要です。

　イベントでは事前対策とともに、可能な限り、イベント会場やその周辺で暑さ指数（WBGT）を実際に測定して、暑熱環境を緩和する施設の利用や、来場者をよりリスクの低い場所に誘導するなどの対策に役立てることが重要です。

一般財団法人 気象業務支援センター

振興事業部長代理　横山　博

■ 引用・参考文献一覧 ■

● 日本スポーツ協会 HP「熱中症予防のための運動指針」
　https://www.japan-sports.or.jp/medicine/heatstroke/tabid922.html　2021年1月現在
● 環境省 HP（いずれも2021年1月現在）
　「夏季のイベントにおける熱中症対策ガイドライン2020」
　https://www.wbgt.env.go.jp/heatillness_gline.php
　「熱中症予防情報サイト」
　https://www.wbgt.env.go.jp/
● 気象庁 HP
　http://www.jma.go.jp/jma/index.html　2021年1月現在

第3章

スポーツイベントの
マーケティング

第8節 スポーツイベントの マーケティング

▦8-1 スポーツイベント（ビジネス）のマーケティング 構造

　スポーツイベントは、一般市民が競技に参加する「する」スポーツと、プロ選手等が行う競技を一般市民が観戦する「みる」スポーツ、運営やボランティアとして携わる「ささえる」スポーツに大別される。そのうち「する」「ささえる」スポーツのイベントでは、東京マラソンなどの大規模な催しを除いて、通常マーケティングの比重は高くない。マーケティングが重要となるのは「みる」スポーツにおいてである。よって、本節では「みる」スポーツのマーケティングについて述べる。

（1）マーケティングとは

　ビジネスにおける「マーケティング」とは、米国マーケティング協会では次のように定義されている。

> 　顧客、依頼人、パートナー、社会全体にとって価値のある提供物を創造・伝達・配達・交換するための活動であり、一連の制度、そしてプロセスである。

　簡単にいえば「売れる仕組み」を作るために、市場ニーズを探って商品開発に生かし、その商品をより効率的に販売するための活動がマーケティングである。また、新たな市場を創造することもマーケティングの概念に含まれる。

　それに対して「販売（セリング）」とは、前提としてまず商品があり、それをどう売るかということであり、「売り込む技術」を指す。先に製品（プロダクト）があることから、これを「プロダクトアウト」と呼ぶ。なお市場ニーズを前提としたビジネス展開をする考え方を「マーケットイン」という。

　ドラッカーの次の言葉が、マーケティングとセリングの違いを端的に表している。

　マーケティングの目的は、顧客について十分に理解し、顧客にあった製品やサービスが自然に売れるようにして、セリングを不要にすること。

（2）スポーツイベントのマーケティングの基本

　スポーツイベントのビジネスにおける商品は、競技・ゲームという無形のサービスであり、それは家電製品や自動車などの一般的な有形商品とは全く異なる性質や価値を持っている。

1）商品としての特性

　スポーツイベントは、予め用意されている商品を購入して消費するのではなく、商品（競技・ゲーム）の生産と消費（観戦）が同時進行する。そのため、返品や交換（やり直し）がきかず、商品の質（競技・ゲームの結果）も保証されない。
　観客（消費者）は普通、自分が応援する選手やチームの勝利を期待して観戦するものの、敗北することも珍しくない。その場合、観客（消費者）は失望し、不満を持つことになる。消費者を失望させる商品は、一般的には欠陥品である。しかし、スポーツイベントはそれが魅力の一つとなっている。結果がわからないからこそ、スポーツイベントは面白いのだ、という暗黙の同意（コンセンサス）が消費者の間で確立されている。
　また、サッカーでは「サポーターが12人目のプレーヤー」といわれているように、観客（消費者）も応援という行為を通してイベントの生産に関わっており、それもスポーツイベントの特質である。

2）マーケティングの二面性

　スポーツイベントのマーケティングの二面性とは、スポーツイベント「を」売る仕組みを作るのか、スポーツイベント「で」売る仕組みを作るのかである。もちろん、イベントの主催者にとってはどちらも重要である。

①スポーツイベントを売る ＝ Marketing of Sports Events

　主催者（チーム、リーグ、競技団体、大会）が行うスポーツイベントの無形資産や価値を高めるマーケティング。具体的なセリングには入場チケットやテレビ放映権の販売などが挙げられる。

②スポーツイベントで売る ＝ Marketing through Sports Events

　スポーツイベントを利用して、スポンサー企業が行う自社製品やサービスの広告価値を高めるマーケティング。イベント会場での物品販売（セリング）や広告活動も含む。

3）なぜスポーツイベントがお金になるのか

　消費者がスポーツイベントのチケットを買ったり、企業がイベントのスポンサーになったりするのは、それだけの価値がスポーツイベントにあると消費者や企業が認めているからである。

①スポーツの価値（バリュー）

　そもそもスポーツには2つの価値がある。コンテンツバリュー（価値）とメディアバリュー（価値）である。

　a）コンテンツバリュー

　　スポーツイベントが持つ**コンテンツ**としての価値。アスリートたちの真剣なプレーやゲームは、しばしば観客や視聴者の共感を呼び、感動させ、酔いしれさせる。そして、結果がわからない緊張感が、観客や視聴者をハラハラドキドキさせる。これがスポーツイベントのコンテンツバリューである。

　b）メディアバリュー

　　スポーツイベントでの感動体験は、国や性別、年齢を問わず共有され、言語の壁もない。これがスポーツイベントのメディアとしてのバリューである。その証左の一つがFIFAワールドカップである。2018 FIFAワールドカップ・ロシア大会では、全世界35億7,200万人（FIFA発表）の老若男女をテレビ画面に釘付けにした。

②キーワードはインテグリティ

　スポーツではどんな種目であれ、フェアプレーと、対戦相手や審判に対するリスペクトと規則遵守が求められる。いわゆるスポーツマンシップの精神である。近年、これらを「**インテグリティ**※」と表現することが多い。そして、ドー

　※ インテグリティ：高潔性、品格、矜持などを意味する言葉。スポーツ庁によれば、スポーツにおけるインテグリティとは、「スポーツが様々な脅威により欠けるところなく、価値ある高潔な状態」を指す。

ピングや八百長等の不正行為によってインテグリティを侵した者はフィールド
から退場させられたり、罰金を科せられたりする。甚だしい違反ではチーム、
リーグ、競技団体から追放されて選手生命が絶たれることにもなる。

　インテグリティはスポーツ界の厳しい掟だが、それゆえ消費者のスポーツへ
の信頼を獲得し、スポーツが社会的・公共的価値を持っているとみなされてい
るために、企業はスポーツイベントに多額の協賛金を出すのである。

　1960 年代のサッカー日本代表のコーチであり、日本サッカーの父と称され
るデットマール・クラマーは、「サッカーは少年を大人に育て、大人を紳士に
育てる」と評した。この言葉はサッカーのみならず、スポーツ全般に通じるで
あろう。

（3）スポーツイベントマーケティングのビジネス構造

　スポーツイベントのビジネスに関わる組織と人の関係は、**図表 8-1** で表され
る。ここでは、イベント主催者（チーム、リーグ、競技団体、大会）が行うマー
ケティング活動について説明する。

1）イベント主催者のマーケティング活動

　イベント主催者は、企業・メディア・消費者に競技の魅力やゲームの楽しさ
を伝え、その上で 3 者にマーケティング活動を展開する。（ⓐ～ⓒは**図表 8-1**
内の矢印に対応）

①消費者に対して（ⓐ）
　・チケットを販売し、入場料収入を得る。
　・ファンクラブに加入して応援してもらう。
　・オフィシャルグッズを販売する。

②企業に対して（ⓑ）
　・スポンサーになってもらい、協賛収入を得る。
　・協賛企業の技術やサービスを提供してもらうなどの支援を受ける。
　・協賛企業の広告や販売促進に当該スポーツを活用してもらうなどの支援を
　　受ける。

③メディアに対して（ⓒ）
　・イベントの放送・報道をしてもらう。
　・放送局には放映権を販売する。
　・視聴者や購読者に向けて、イベントの告知・宣伝をしてもらう。

図表 8-1　スポーツマーケティングのビジネス構造

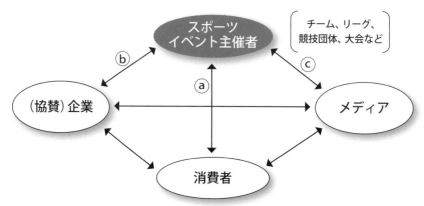

▶ 筆者作成

2）スポーツイベントの４大収入

　スポーツイベントにおいて、様々なマーケティング活動の結果、イベント主催者が得られる収入は、一般に次の４本柱である。
①入場料収入（ⓐ）
　通常の客席以外にも、年間シートやファミリーシート、VIP ルームなど、様々な価格帯のチケットが用意されている。
②協賛金収入（ⓑ）
　現金収入だけでなく、商品・サービスの供与もある。
③放映権収入（ⓒ）
　主にテレビ局からが中心だが、近年はインターネットでの映像配信収入も増加している。また、有料放送の視聴による消費者個人からの収入もある。
④オフィシャルグッズ販売（ⓐ）
　ユニフォームやタオル等のオフィシャルグッズ等の販売による収入。他に、イベントを通じてファンクラブやスポーツスクールに入会させて会費収入を得ることも重要である。

　なお、イベント主催者や企業、メディアがマネタイズ（サービスを収益化すること）を拡大するためには、当然のことながら、アスリートの競技力を上げ、消費者の期待を裏切らない質の高いスポーツイベントにすることが前提となる。

3）顧客をつくり育てる

イベント主催者の消費者に対するマーケティング活動はまず、スポーツイベントに足を運んでもらい、競技を観戦してもらうことから始まる。しかし、スポーツイベントは結果が予測不能なため、消費者が好きなチームや選手が負けることもある。しかし、それでもまた観戦したい、応援したいと思ってくれるように導くことが重要である。まだ潜在顧客に過ぎなかった消費者を、コアなファンにまで育てていく段階を、バトル（Buttle 1998）は**図表 8-2** の「**ロイヤルティラダー（忠誠心のはしご）**」で表している。

図表 8-2 　スポーツマーケティングのビジネス構造

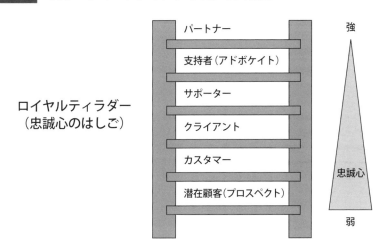

▶ 出典：Buttle 1998

▦ 8 − 2 　スポーツイベントのスポンサーシップ

（1）スポンサーシップとアクティベーション

スポーツイベント主催者の4大収入の一つである協賛金（スポンサーフィー）は、企業が自社のマーケティング活動の一環として支払う。その対価として、スポンサーとなった企業は、自社や自社製品の広告宣伝活動や販売促進活動に当該スポーツイベントに関わる諸権利を利用できる。

1）寄付と協賛金の違い

　企業がイベント主催者に支払う協賛金は、企業の会計上「経費（広告宣伝費・販売促進費）」に当たる、いわば投資である。投資ならば、見返り（対価）を求めるのは当然であり、費用対効果やコストパフォーマンスが厳しく評価される。

　その半面、経費であるため、協賛金は税引前利益から差し引くことができ、そのぶん支払う法人税が少なくなるというメリットがある。ここが寄付とは根本的に異なる点で、寄付金は一部損金に算入が認められているものの、経費扱いにはならず、法人税が課せられる。

2）アクティベーション

　スポンサーになることで得られる権利を、自社のマーケティング活動に利用することをアクティベーションという。どのようなアクティベーションを行うかは、得られる権利の種類や範囲に制約される。

　スポンサーに与えられる権利には様々なものがあり、競技団体や大会によって異なるが、それらはおよそ6タイプに分類される。ここでは、権利タイプとその具体的内容を、サッカー日本代表のスポンサーシップを例にとって紹介する。

---

①露出系（リコグニション系）

　スタジアムに看板を掲出できる／公式プログラムに広告を掲載できる／中継番組のCM枠を優先的に購入できる／スタジアムの大型映像装置に広告を上映できる／練習場に横断幕を掲出できる

　なお、リコグニションとは顧客にスポンサーの立場を認知させることをいう。

②ホスピタリティ系

　関連行事（レセプションパーティなど）に参加できる／スタジアムにホスピタリティブースを設営して使用できる／スカイラウンジを優先使用できる（有料の場合もある）／VIPラウンジ・VIPシートを利用できる／招待券を受領できる／入場券を優先的に購入できる

③ブランディング系

　「サッカー日本代表」の呼称を自社の広告等に使用できる／サッカー日本代表の「シンボルマーク」を自社の広告等に使用できる／サッカー日本代表の選手の集合写真等を自社の広告等に使用できる（選手個人や少人数の場合は別途契約が必要）

---

④プロモーション系

　スタジアムでの自社商品やサービスのプロモーション、物品販売を行うことができる（オプション設定）／観戦チケットを自社のマーケティング活動に利用できる／試合に自社商品を提供できる

⑤CSR系（Corporate Social Responsibility：企業の社会的責任）

　JFAユースプログラム（エスコートキッズ、ナショナルフラッグベアラー、プレスキッズなど）の参加者を募集できる／自社の商品の販売促進キャンペーン企画に仕立てるプロモーション的要素もある

⑥営業系

　サッカー日本代表の呼称、シンボルマーク、選手の集合写真を使用した商品を製造できる（商品化権は別途契約が必要）／イベント広告出演権（別途商品化権契約が必要）／招待券やVIPラウンジ利用券をもらえ、BtoB（Business to Business：企業間取引）に役立てられる

3）スポンサーシップによるブランディング

　スポーツイベントやチームのスポンサーになることで企業が得られるのは、マーケティング活動等に利用できる権利だけではない。注目度・好感度が高いチームや選手を支援することで、企業のブランドイメージを向上させたり、自社の社員の士気を高揚させたりすることができる。また、競合他社との差別化でポジションを強化することにもつながる。

（2）世界3大スポーツイベントのスポンサー構造

　スポーツイベントのスポンサーシップは、一般に企業の協賛金支払額の多少で序列され、与えられる権利の範囲が決まる。多額の協賛金を支払う上位スポンサーには幅広い権利が与えられ、少額の下位スポンサーの権利は限られる。

　スポンサーは原則的に一業種一社に限られ、同業他社が同じスポーツイベントを協賛することはない。しかしながら、2020年東京オリンピック・パラリンピック競技大会ではいくつかのカテゴリーでは複数の協賛社が併存するという異例の形となっている。

1）オリンピックのスポンサー構造

　世界3大スポーツイベントは、オリンピック、FIFA ワールドカップ、ラグビーワールドカップである。そのうち、世界最高・最大のイベントはオリンピックである（**図表8-3**参照）。なお、近年オリンピックとパラリンピックをまとめて呼称するケースが増えているが、これは後述するジョイントマーケティングによるものである。パラリンピックの主催者は国際パラリンピック委員会で、オリンピックを主催する国際オリンピック委員会（IOC：International Olympic Committee）とは別団体である。パラリンピックの運営を IOC が支援・協力しているという構図である。

　IOC は、オリンピック大会における全ての権利を保有している。そのスポンサーシップは「IOC TOP パートナー」と呼ばれるただ一種であり、「オリンピック」の呼称やシンボルマークを使用してのマーケティング活動をグローバルに展開できる権利が与えられるほか、競技会場でのホスピタリティ系やプロモーション系の権利も付与される。

　協賛期間は個々の契約で決まるが、原則的に夏季大会と冬季大会がセットである。2021年1月現在、IOC TOP パートナーとして世界の14社が契約しており、日本企業ではブリヂストン、パナソニック、トヨタが名を連ねている。なお、TOP は The Olympic Partner の頭文字による略称である。

　一方、加盟各国の国内オリンピック委員会（NOC：National Olympic Committee）は、自国のオリンピック代表選手団についてのみ公式スポンサーであることを表明できる呼称権などの権利を有している。

図表8-3　オリンピックマーケティングの全体構造（東京）

▶ 出典：電通報 2014 年 6 月 25 日より筆者作成

２）オリンピック開催国のスポンサー構造

　ただし、オリンピックの開催国に限っては、NOC とは別に組織されるオリンピック組織委員会に国内マーケティングの権利が与えられる。例えば、2020 年東京オリンピック競技大会の場合、2020 年東京パラリンピック競技大会のスポンサーシップも含まれており、2020 年東京オリンピック・パラリンピック競技大会組織委員会（TOCOG：The Tokyo Organising Committee of the Olympic and Paralympic Games、東京 2020 組織委員会）は独自に Tier（階層・レベル）１〜 Tier 3 の３カテゴリーを設けて、協賛金額別にスポンサーを募集した（**図表 8-4** 参照）。

①Tier 1（ゴールドパートナー）

　国内最高ランクのスポンサー。リコグニション広告で最大限のロゴ表示が認められ、最も手厚いホスピタリティを享受できるとともに、各種機会の第一優先権を持つ。15 社が集まった（2021 年 1 月現在。以下同）。

②Tier 2（オフィシャルパートナー）

　国内第2ランクのスポンサー。Tier 1 より権利・機会が限定。32 社が集まった。

③Tier 3（オフィシャルサポーター）

　国内第3ランクのスポンサー。Tier 2 より権利・機会が限定。20 社が集まった。

図表 8-4　2020年東京オリンピック・パラリンピック競技大会の
　　　　　　スポンサー構造

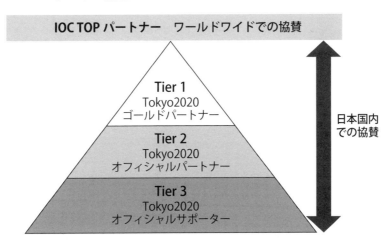

▶ 出典：2020 年東京オリンピック・パラリンピック競技大会組織委員会 HP などより筆者作成

　更に、2020 年東京オリンピック・パラリンピック競技大会では、東京 2020 組織委員会は追加で聖火リレーの協賛を募集し、「聖火リレープレゼンティングパートナー」（4 社）と「聖火リレーサポーティングパートナー」（5 社）も獲得した。

　このように、オリンピック開催国では通常の NOC マーケティングに加えて大会マーケティングを結合した特別なマーケティング活動が認められており、これを**ジョイントマーケティング**という（**図表 8-5** 参照）。

　なお、オリンピック大会では、原則として看板や横断幕の掲示などのリコグニションは認められていない。オリンピックでは全ての競技において無看板の大会となっている。

図表 8-5　ジョイントマーケティング　権利の概要

①**2020年東京大会に関する権利**
オリンピック＆パラリンピック

＋

②**日本代表選手団に関する権利**

【A】 オリンピック 日本代表選手団	【B】 ユースオリンピック 日本代表選手団	【C】 パラリンピック 日本代表選手団
リオ 2016 平昌 2018（冬季） 東京 2020	リレハンメル 2016（冬季） ブエノスアイレス 2018 ローザンヌ 2020（冬季）	リオ 2016 平昌 2018（冬季） 東京 2020

※オリンピック・パラリンピックに関する権利は、セットでのセールス

▶ 出典：電通報 2014 年 6 月 25 日より筆者作成

3）FIFAワールドカップのスポンサー構造

　4 年に 1 度開催される、いわゆるサッカーワールドカップを主催するのは国際サッカー連盟（FIFA：Fédération Internationale de Football Association）である。そのスポンサーシップの頂点に位置するスポンサーは「FIFA パートナー」と呼ばれ、2021 年 1 月の時点で世界規模の 6 社が協賛している。2018 年のロシア大会終了後から 2022 年のカタール大会終了までの FIFA が主催する全ての大会について、グローバルにマーケティング活動に利用でき、露出系やホスピタリティ系、プロモーション系を含む幅広い権利を有している。スポ

ンサー契約は4年ごとに更新されるが、唯一の例外として、ドイツのスポーツ用品メーカーのアディダスは2013～2030年の長期契約を結んでいる。

　FIFAパートナーに次ぐ権利を得ているのは「FIFAワールドカップスポンサー」で、2021年1月現在3社が契約している。企業の権利は1大会のみ、つまり2022年のカタール大会限定で、FIFAパートナーに準じる権利を有する。

　そして、第3ランクは「リージョナルサポーター」である。これは2018年のロシア大会から従来の「ナショナルサポーター」に代わって導入されたスポンサーシップで、アジア、北米、南米、欧州、中東・アフリカの5地域内でマーケティング活動が許されるなどの権利が与えられる（**図表8-6**参照）。

　かつては多くの日本企業がスポンサーになってきたが、2015年以降全て姿を消した。

図表8-6　FIFAのマーケティングのスポンサー構造

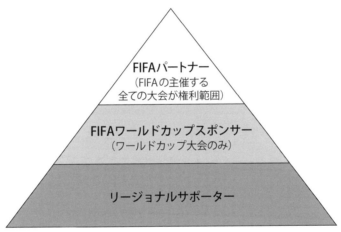

▶ 出典：FIFA HPなどより筆者作成

4）ラグビーワールドカップのスポンサー構造

　FIFAワールドカップと同じく、ラグビーワールドカップも4年に1度の開催である。スポンサーシップもFIFA同様、基本的に3ランクにカテゴライズされており、最上位は「ワールドワイドパートナー」である。最も広範囲な権利を有し、大会をグローバルなマーケティング活動に利用できる。

　次いで、国内限定で幅広いマーケティング権利を与えられる「オフィシャルスポンサー」、大会に用具や機器、サービスを提供できる「トーナメントサプ

ライヤー」で構成される（**図表 8-7** 参照）。トーナメントサプライヤーにもホスピタリティ系やプロモーション系のほか様々な権利が付与されるが、オフィシャルスポンサーとは違って会場での広告掲出は認められていない。

　ラグビーワールドカップ 2019 日本大会では、ワールドワイドパートナーに6 社（日本企業は含まない）、オフィシャルスポンサーには日本企業が 8 社、トーナメントサプライヤーに日本企業 3 社を含む 8 社と日本の新聞社 9 社が名を連ねた。

図表 8-7　ラグビーワールドカップ 2019 のスポンサー構造

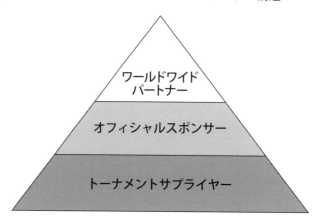

▶ 出典：ラグビーワールドカップ 2019 組織委員会 HP などより筆者作成

▥ 8 − 3　日本のプロスポーツイベントのマーケティング

　日本のプロスポーツは戦前の職業野球や大相撲からの長い歴史がある一方で、戦後は企業スポーツ（実業団）を中心に発展してきたことでプロ化の広がりが見られなかった。しかし、1993 年に発足した J リーグの成功とデフレ経済の影響で、企業のスポーツとの関わり方がそれまでの「所有」から「支援」へと変わった。

　ここでは、日本の 2 大プロスポーツであるプロ野球とサッカー J リーグに焦点を当て、収益の現状とマーケティング戦略を紹介する。プロ野球については、近年日本でも独立リーグが複数存在し運営されている（女子リーグもある）が、以下に取り上げるのはセントラル・リーグとパシフィック・リーグから成る、日本野球機構（NPB）が統括するプロ野球リーグである。

（1）J リーグと NPB の組織構造と収益

　J リーグと NPB とでは、組織構造に決定的な違いがある。J リーグは、J1 リーグをトップリーグとして下部リーグの J2 と更にその下に J3 リーグを持つヒエラルキー構造の組織であり、それぞれのリーグの所属チームは年間成績により上位リーグから下位リーグ、下位リーグから上位リーグへの入れ替えが行われる。2020 年シーズンは、J1 が 18、J2 が 22、J3 が 16 の計 56 チーム（ガンバ大阪 U-23、セレッソ大阪 U-23 除く）で行われた。対して、NPB は 1958 年以降セ・リーグ 6、パ・リーグ 6 の計 12 チームに固定されたリーグであり、下部リーグを持たない。

　なお、プロサッカーリーグである J リーグは J1 ～ J3 のリーグであり、J3 の下位に位置する JFL 以下はプロリーグではない。また、NPB にはイースタン／ウエスタン・リーグがあるが、これはセ・パ 12 チームと同一法人に属する 2 軍リーグである（**図表 8-8** 参照）。

　J リーグの 2019 年度の収益は約 1,325 億円で、このうち J1 は 891 億円、およそ 3 分の 2 に当たる 67％を占める。一方、NPB では一部のチームが経営情報を公開しておらず、正確な最新データがないため、2015 年度の数字を挙げると、セ・リーグの収益が 797 億円、パ・リーグが 762 億円で、合計で 1,559 億円となる。

図表 8-8　J リーグと NPB の組織構造

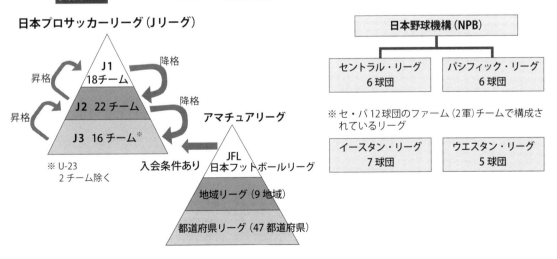

　したがって、会計年度に5年の開きがあるものの、その間にNPBの収益が減少していなければ、J1の収益はNPBの6割に満たないことになる。NPBの収益が伸びていれば、J1との差は更に広がる。

　J1リーグとNPBとの収益差は、観客動員数から説明できる。2019年における一試合平均の入場者を比較すると、J1のリーグ戦では2万751人だったのに対して、NPBのセ・パ公式戦にはそれより1万人多い3万929人が詰めかけた。年間の入場者数の合計は、ゲーム数の多いNPB（858試合）が約2,654万人、J1（306試合）が635万人と、両者の差は4倍以上に開く。つまり、スポーツイベントの4大収入のうちの入場料収入は、圧倒的にNPBの方が多いのである。

（2）プロスポーツリーグの収益構造の国際比較

　J1の収益構造を見ると、その内訳は、企業からの協賛金収入が約45％を占め、次いで入場料収入約19％、Jリーグ配分金約11％、グッズ販売収入約9％となっている。このうちのJリーグ配分金は、ほぼ放映権収入に該当する。したがって、協賛金収入への依存度が非常に高いことがわかる。

1）MLBとイングランドプレミアリーグの収益構造

　一方、海外のプロスポーツリーグに目を向ければ、J1とは収益構造に大きな違いがある。イングランドのサッカーリーグの1部であるプレミアリーグは、2017～2018年シーズンに約54億ユーロ（約6,700億円）の収益をあげたが、その内訳は放映権収入が約59％を占め、協賛金収入は27％、入場料収入は約14％に過ぎなかった。

　また、米国メジャーリーグベースボール（MLB）は2019年、プレミアリーグの更に1.5倍の105億ドル（約1兆1,500億円）もの巨額の収入を得ており、そのうち放映権収入が約50％を占めた。以下、入場料収入が約30％、協賛金収入はわずか約10％の割合である。

　このように、収益に占める比重が最も高いのは、Jリーグでは協賛金収入であり、プレミアリーグとMLBでは放映権収入である。

2）MLBとプレミアリーグのマーケティング戦略

　実は、プレミアリーグとJリーグ、MLBとNPBの収益は、1990年代の半ばには同規模だったが、25年間にプレミアリーグとJリーグではおよそ5倍

以上もの差がついた。一方、NPB の 2017 年の収益は 1,800 億円と推定されており、MLB と NPB の収益差も約 6 倍になる。このような差がついた主要因の一つは、上記の MLB とプレミアリーグにおける放映権収入の増大にある。そしてそれをもたらしたのは両組織の「海外戦略」である。

　従来、リーグ戦の中継放送がほぼ国内もしくは大陸内での視聴に限られていたものを、積極的に海外放送局に売り込み全世界で視聴できるように推進してきたのだ。もちろん各国で視聴率を稼がなくてはならないので、そのために外国人選手を採用して出身国での盛り上げを図ったり、クラブチームの世界戦を開催したり、開幕試合を外国で実施したりしてきた。

　もっとも、放映権料や協賛金に限らず、単一の収入源に過度に依存する経営は危うさをはらんでいるので、プレミアリーグも MLB も、海外戦略以外にも独自にリーグ運営やチーム経営に様々な改革を続けており、その努力の結果が現在の隆盛につながっているといえる。

（3）日本のプロスポーツリーグのマーケティング改革

　欧米勢に差をつけられてきた NPB と J リーグだが、近年収益の増大を図る施策が次々に打ち出されており、その一例を簡単に紹介する。

1）スタジアムをコストセンターからプロフィットセンターへの転換

　ボールパーク（野球場）としての楽しさを最大限に演出した NPB・広島東洋カープのマツダスタジアムは、スタジアム経営見直しの先駆けとなった。2009 年 3 月に完成したマツダスタジアムは、球場を一周できるコンコースには多彩な飲食店やグッズショップが並び、イベント会場としても賑わっている。MLB とは逆に放映権収入に頼らない収益構造を作り上げ、増収増益を重ね、老若男女の幅広いファンを惹きつけ、チケットの争奪戦や転売という課題が生じたほどである。

　更に今後、横浜 DeNA ベイスターズのスタジアム改修や、北海道日本ハムファイターズの北広島新球場（エスコンフィールド北海道）、J リーグの V・ファーレン長崎の新スタジアムなど魅力的な施設が建設される予定である。

2）多彩なチケット戦略

　従来のスタジアムの座席といえば、観戦しやすさ等でランク分けされた指定席（と自由席）、それにスポンサー企業や招待客用の VIP 席（ルーム）が備え

られているだけだった。しかし、現在では、グループで飲食しながら観戦できるパーティラウンジや、オリジナルグッズがもらえる特別な企画シートなどが登場し、入場料収入が増加している。過去にはJリーグの東京ヴェルディはピッチサイドから間近に観戦できる「ピッチサイドシート」を販売して人気を呼んだ。

3）ITの活用によるファンサービス

Jリーグでは公式アプリ「Club J.LEAGUE」を利用して、顧客データを管理し、顧客に試合やサービスの情報などの多彩なコンテンツを提供するとともに、コアなサポーターにはインセンティブを付与している。これにより既存サポーターの離脱防止と新規サポーターの獲得を図っている。また、スポンサー企業にとっても、顧客アクティベーションを効率的に実施できるメリットが生じている。

4）Jリーグの試合中継を海外140か国へ配信

NPBでは、野球という競技が国際的にはマイナーなこともあり試合中継の海外配信は少ないが、Jリーグの試合は2019年時点で世界140の国と地域に配信されている。加えて、中国や東南アジア出身の選手の起用も増えつつあり、出身国でのJリーグファンの獲得が期待されている。

以上のように、NPBやJリーグにおいてもマーケティング改革は日々精力的に進められているが、Withコロナの時代では新しい観戦スタイルの開発など更に大きな改革が必要になるであろう。

■ 引用・参考文献一覧 ■

● American Marketing Association HP "Definitions of Marketing"
https://www.ama.org/the-definition-of-marketing-what-is-marketing/　2021 年 1 月現在
● Drucker, P.F. *Management: tasks, responsibilities, practices.* New York: Harper & Row 1973
● 原田宗彦・藤本淳也・松岡宏高 編著『スポーツマーケティング＝ Sport Marketing 改訂版（スポーツビジネス叢書）』大修館書店 2018 年
● 樫塚正一・坂井和明・中道莉央 "外国人サッカー指導者の言説から見たコーチングに関する研究"「武庫川女子大紀要（人文・社会科学）」2011 年
● Buttle, F.A. "Word of mouth: understanding and managing referral marketing" *Journal of Strategic Marketing* 1998
● ウェブ電通報 2014 年 6 月 25 日「東京オリンピック・パラリンピック（東京 2020）とマーケティング」
https://dentsu-ho.com/articles/1275　2021 年 1 月現在
● J リーグ公式サイト（いずれも 2021 年 1 月現在）
「2019 年度クラブ経営情報開示資料」
https://www.jleague.jp/docs/aboutj/club-h31kaiji_001.pdf
「ニュース：「Rakuten Sports」にて世界約 140 の国と地域で配信開始！」
https://www.jleague.jp/news/article/14732/
● 東洋経済新報社 編『会社四季報業界地図 2017 年版』東洋経済新報社 2016 年
● 日本野球機構（NPB）HP「統計データ」
https://npb.jp/statistics/　2021 年 1 月現在
● Deloitte UK HP "Annual Review of Football Finance 2019"
https://www2.deloitte.com/content/dam/Deloitte/uk/Documents/sports-business-group/deloitte-uk-annual-review-of-football-finance-2019.pdf　2021 年 1 月現在
● Forbes HP "Despite Lockdown, MLB Teams Gain Value In 2020"
https://www.forbes.com/sites/mikeozanian/2020/04/09/despite-lockdown-mlb-teams-gain-value-in-2020/#45e402852010　2021 年 1 月現在
● 小林至『スポーツの経済学：スポーツはポストモダン産業の旗手となれる 新装改訂版』PHP エディターズ・グループ 2020 年

コンテンツのブランド価値向上サイクルにおけるスポーツイベントについて

　博報堂DYスポーツマーケティングはスポーツビジネスの専門会社として1995年に設立された。総合広告会社のグループ会社として、競技団体、リーグ、チーム、クラブ、アスリート、自治体等のコンテンツホルダーを対象としたスポーツにおける協賛ビジネスが事業の起点にはなっているが、この「スポーツ協賛」自体を、単なる「広告商材」として仕入れ、企業に向けて協賛の案内・獲得を推進するビジネスモデルではなく、スポーツコンテンツを「ブランド（価値のカタマリ）」として捉え、価値向上に貢献する事業パートナーとしてコンテンツホルダーと協働していくことが事業の特徴となっている（**図表①**参照）。

■**図表①　博報堂DYスポーツマーケティング　事業ビジョン**

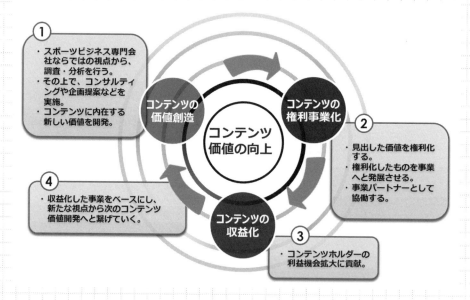

　このコンテンツのブランド価値向上サイクルにおいて、「スポーツイベント」は重要な手法の一つであり、コンテンツホルダーにとっての権利事業化、収益化に欠かせないものとなっている。ここでは当社が関わるいくつかの事例を示していきたい。

1．スポーツクライミング

　ボルダリングジムの普及などから、手軽に実施できるスポーツとしても広く知られるようになったスポーツクライミング。2016年には2020年東京オリンピック・パラリンピック競技大会の追加種目として採用され、当社グループは日本山岳・スポーツクライミング協会のマーケティングパートナーとして事業サポートを行っている。

　当社が事業に参画した当初は、まだ、オリンピック追加種目として正式決定する前であったこともあり、国内で行われる競技大会は既存のクライミングジムや体育館施設等を利用して行われ、選手・関係者を中心とした数百名程度の来場規模のスポーツイベントとして開催されていた。

　その中で、まずは企業スポンサーにとっての協賛メリット、価値をいかに作っていくか、から着手するような状況であったが、数百名程度の観客数とは対照的に、2016年のオリンピック追加種目決定以降、大会におけるメディアの取材者数は爆発的に増え、「オリンピックの新種目」として認知されるようになった。また、日本人選手の競技レベルは非常に高く、種目の一つであるボルダリング（女子）は2014年から国別ランキング1位を維持（2019年現在6年連続）。オリンピックでのメダル獲得を期待できる種目でもあり、まずは、その価値を世の中に更に認知してもらうため競技大会におけるメディア運用を整備し、報道露出を獲得することに注力。PR専門チームを編成し、メディアに対しての競技理解促進の場や、情報提供を行い、「オリンピック新種目」としての一過性の報道ではなく、継続的に「スポーツクライミング競技」として報道してもらうための下地作りをサポートした。

　また、放送番組としても成立させるため、競技進行や場内演出のタイムコントロールのサポートも行い、メディアを通じて競技認知を拡大。同時にスポンサーの露出機会を生み出し、注目度の高いスポーツコンテンツとして協賛社を獲得。その協賛金収入を原資に、選手の強化（国際大会への派遣費用等）、国内大会の規模拡大等につなげ、報道価値の継続的な向上、認知拡大による観客数増といった好循環を生み出していくことで、事業規模を拡大していった。

2．ツール・ド・フランスさいたまクリテリウム

　世界最高峰の自転車ロードレース大会であるツール・ド・フランスの名を冠したイベントとして、2013 年よりさいたま市で毎年開催されている国際自転車ロードレースイベント「ツール・ド・フランスさいたまクリテリウム」。ツール・ド・フランスの優勝者を含む海外トップライダーを招聘し、運営スタッフもフランス本国から多数来日するなど、ツール・ド・フランスのエッセンスがそのまま日本に持ち込まれ、さいたま新都心の周回コース沿道を 10 万人を超える観客が埋め尽くすイベントとして定着化している。

　開催当初、自転車ロードレースイベント特有の慣習として、チケット収入がないこと（沿道は観覧無料であることが一般的）などから、大会運営経費において、主催のさいたま市（※ 2019 年大会より一般社団法人さいたまスポーツコミッションが主催）が負担する割合が大きく、大会の継続性という点での課題を抱えていた。

　しかし、日本国内における野球やサッカーといったメジャースポーツに比べ、メディアでの取り扱いも少なく、注目度は決して高くない競技でありながら、開催初年度から多く集まった沿道の観客数とその特性に着目。10 万人を超える観客が集まるほどの潜在的な自転車ファンの多さ、近年 Do スポーツとしての自転車ロードバイクの普及と競技自転車実施層の平均世帯収入の高さなどから、ファン層の消費に伸びしろがあると分析。イ

© Saitama city / Y. Sunada

ベントの装飾や演出をツール・ド・フランス本場の雰囲気に極力近づけることに加え、特設観覧席、世界のトップ選手との交流等をプログラム化し、様々な「体験」を価値化したオフィシャルサポーターズ事業や、ライセンス制度を活用したオフィシャルグッズの開発・販売など、従来の協賛金収入に加え、ファン層をターゲットにした新たな収入財源を創出。そして、それらを原資とした新たなプロモーションや、付帯イベントの開発による認知拡大を図り、市の負担額を減額することにつなげ、イベントの継続開催をサポートしている。

　これらの事例から、同じ「スポーツイベント」という枠組みの中であっても、競技の特性や、置かれている環境により、全く異なるアプローチで価値を生み出していることがわかる。様々なスポーツコンテンツにとって、ブランド価値向上サイクルの好循環を生み出していくためには、内部要因、外部要因含めしっかりとそのコンテンツの強みや課題を把握・分析する。そして、中長期的な成長までを予測し、どのような目的と順序で「スポーツイベント」を設計していくかが非常に重要になってくる。

株式会社博報堂 DY スポーツマーケティング

歌川 雄太

▓9－1　世界のスポーツイベントの日本での放映権

　2020年初頭から世界に蔓延した「コロナ禍」において、各種のスポーツイベントは自粛や延期を余儀なくされた。2020年に開催予定だった2020年東京オリンピック・パラリンピック競技大会（以下「2020年東京大会」という）は2021年に延期予定で、各種イベントはメディアの対応においても大きな影響を与えている。

　私たちが、テレビの画面で当たり前に観ているオリンピック・パラリンピックやFIFAワールドカップなどの大型スポーツイベントは、テレビ放送の「放映権」が存在し、そこにその権利の売買があり、放送局が放送する権利を獲得するなど、想像以上の多くの関係者がいて番組が制作され視聴者のもとに届けられているのである。おそらく、多くの視聴者はこのような複雑な過程を経て番組制作がなされているという認識は薄いであろう。

　「放映権」とは、様々なスポーツイベントをテレビで独占的に放送できる権利のことである。これは主催者と放送局の間で売買される。例えばオリンピックの場合、主催する国際オリンピック委員会(IOC)から購入する。また、FIFAワールドカップの場合は国際サッカー連盟（FIFA）から広告代理店がアジア向けの放映権を購入している。通常、1か国1テレビ局に対してだけその放映権を独占的に与える形式である。ただし、日本ではオリンピックやFIFAワールドカップの「放映権料」があまりにも莫大なため、NHKと日本民間放送連盟が組む**ジャパンコンソーシアム(JC)**によって共同で落札し、日本国内で放送する種目や試合を抽選や話し合いで振り分ける方式をとっている。放映権には、テレビ放送、ラジオ放送、インターネット配信、モバイル放送などのデジタル配信を含め、日本国内における全ての放映権が含まれている。

　その他の人気競技であるテニスやゴルフの4大大会や主競技の世界選手権大会、例えば世界陸上競技選手権大会（「世界陸上」）、バレーボール世界選手権（「世界バレー」）、世界水泳選手権（「世界水泳」）、世界卓球選手権（「世界卓球」）、世界バドミントン選手権大会（「世界バドミントン」）などは、各競技団体と各国のテレビ局（主にNHKや民放キー局）との間で交渉が行われていて、オリ

ンピックや FIFA ワールドカップとは契約形態にもその金額にも大きな違いがある。

（1）オリンピックの放映権

1）オリンピックの運営

　オリンピックは、1984 年オリンピック・ロサンゼルス大会を契機に商業主義に舵を切ったといわれる。もともとオリンピックは非営利で開催されるイベントであり、大会収支はプラスマイナスゼロで計画されているのだが、近年では直接予算でも 3,000 億円を超えるだけに、スポーツビジネスの側面も大きい。

　大会収入の柱は、「テレビ放映権料」「スポンサー契約料」「チケット売上」の 3 つであり、近年特にテレビの影響力が非常に大きくなっている。ちなみに 2020 年東京大会の誘致当時の立候補ファイルによると、収入計画案では収入合計 3,411 億円のうち、6 割が「テレビ放映権料」「スポンサー契約料」となっている（**図表 9-1** 参照）。

図表 9-1　2020 年東京大会の収入計画（案）

IOC 負担金（テレビ放映権）	790 億円	23%	テレビ、CM 関連の
TOP スポンサーシップ	335 億円	10%	収入は約 6 割
ローカルスポンサーシップ	820 億円	24%	
オフィシャルサプライヤー	107 億円	3%	
チケット売上	772 億円	23%	
ライセンシング	139 億円	4%	
寄付金	108 億円	3%	
資産処分	32 億円	1%	
その他	306 億円	9%	
収入合計	3,411 億円		

▶ 出典：TOKYO 2020 立候補ファイル 2013

2）オリンピックのテレビ放映権の仕組み

IOC は、世界各国のテレビ局に対して放映権の一括管理を行っていて、その下部組織として、オリンピック放送機構という団体があり、大会期間中に国際放送センターを構築して、各競技会場からの映像を世界のテレビ局に配信する。そのため、放映権収入についても、IOC が各国の放送局から一括徴収した上で、開催国の各オリンピック委員会（2020 年東京大会の場合は JOC）に、そのおよそ半分を分配する形をとっている（**図表 9-2** 参照）。

図表 9-2　テレビ放映権料の仕組み

▶ 出典：JNEWS.com

3）オリンピック放送の仕組み

IOC は、オリンピックのマーケティング全体を取り仕切ることで活動収入を得ているが、その半分は放映権料によるものだ。各競技場でのテレビ映像は、開催国のホストテレビ局（日本では JC）が担当することになる。そしてこの**国際放送センター（IBC）**から配信される放送データは、「国際信号」と呼ばれるもので、どの国にとっても公平で、偏りのない映像の内容で送信されるのが原則となっている。この公平で中立性のある映像を IOC が仕切っていることで、各国の放映権を仕切っている。

その映像を受信した各国のテレビ局が、独自の実況や解説に独自映像（ユニ映像）などを加えながら、自国の視聴者に向けて放送しているという仕組みになっている（**図表 9-3** 参照）。

オリンピックの競技中継やニュース番組制作においては、世界各国から 1 万以上を上回る放送要員が開催地に集結することになる。その拠点となる国際放送センターの日本の放送局のスペースや人員割合は放映権料に準じて割り当てられ、NHK と民放では大きく異なっている。

図表 9-3　オリンピック放送の仕組み

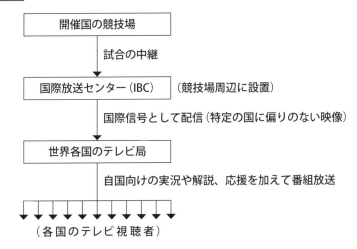

▶ 出典：JNEWS.com

4）日本国内での放映権

　オリンピック放送は 1960 年オリンピック・ローマ大会から始まり、ここから放映権料が生じていた。当時は NHK が購入していて、ローマ大会では 1,800 万円だったのが、1964 年の東京大会では、1 億 8,000 万円と 10 倍に跳ね上がった。1976 年からは、JC の前身であるジャパンプールが放映権を購入して、NHK と民放とが共同で放送した（1980 年のモスクワ大会はテレビ朝日が独占契約したので除く）。JC は 2010 年冬季のバンクーバー大会と 2012 年のロンドン大会からこの冬季・夏季での 2 大会で包括契約としたのだが、この 2010 年と 2012 年大会の契約は 325 億円、次の 2014 年冬季のソチ大会と 2016 年のリオデジャネイロ大会は、合わせて 360 億円、そして、2018 年冬季の平昌大会と 2020 年東京大会では 660 億円と膨らんだが、2022 年冬季の北京大会と 2024 年のパリ大会が 2 大会包括で 440 億円と下がっている（**図表 9-4** 参照）。

図表 9-4　オリンピックのテレビ放映権料

年	大会名	日本向け		日本の権利取得者	アメリカ向け
		円建て	ドル建て		
1960	ローマ	1,800万円	5万ドル	NHK	39万4,000ドル
1964	東京	1億8,000万円	50万ドル		100万ドル
1968	メキシコ	2億2,000万円	60万ドル		450万ドル
1972	ミュンヘン	3億8,000万円	105万ドル		750万ドル
1976	モントリオール	3億9,000万円	130万ドル	ジャパンプール	2,500万ドル
1980	モスクワ	18億7,000万円	600万ドル	テレビ朝日	8,700万ドル
1984	ロサンゼルス	46億3,000万円	1,850万ドル	ジャパンプール	2億2,600万ドル
1988	ソウル	77億5,000万円	5,000万ドル		3億ドル
1992	バルセロナ	88億円	5,750万ドル	ジャパンコンソーシアム	4億0,100万ドル
1996	アトランタ	104億4,750万円	9,950万ドル		4億5,600万ドル
2000	シドニー	142億7,000万円	1億3,500万ドル		7億1,500万ドル
2004	アテネ	170億5,000万円	1億5,500万ドル		7億9,300万ドル
2008	北京	198億円	1億8,000万ドル		8億9,400万ドル
2010	バンクーバー（冬季）	325億円	（2大会一括円建)		22億0,100万ドル
2012	ロンドン				
2014	ソチ（冬季）	360億円	（2大会一括円建)		43億8,000万ドル（約4,680億円)
2016	リオデジャネイロ				
2018	平昌（冬季）	660億円	（4大会一括円建)1,100億円		
2020	東京				
2022	北京（冬季）	440億円			76億5,000万ドル（約7,800億円)
2024	パリ				
2026	ミラノ（冬季）	475億円	（4大会一括円建)975億円		
2028	ロサンゼルス				
2030	未定（冬季）	500億円			
2032	未定（夏季）				

注：放映権料は、テレビやラジオ、インターネットなど全てのメディアの権利を含む料金（金額は推定)。

▶ 出典：IOC HP などより筆者作成

　次に、JC における、NHK と民放との放映権料の負担割合は、1976 年のモントリオール大会では、NHK が 86.7％で民放は 13.3％であった。そして、1988 年のソウル大会から 2000 年のシドニー大会までの 4 大会は、NHK は80％、民放 20％の割合である。また、2004 年のアテネ大会では NHK 75％、民放が 25％となり、NHK の負担が大きすぎるのではないかという議論が出たことから、2006 年冬季のトリノ大会以降は、NHK 70％、民放 30％の負担割合で落ち着いている。

（2）FIFA ワールドカップの放映権

1）日本国内での放映権

　FIFA ワールドカップの日本国内の放映権料は、1974 FIFA ワールドカップ・西ドイツ大会では当時の東京 12 チャンネル（現・テレビ東京）が 940 万円で購入している。その後 NHK が 1978 年のアルゼンチン大会を 1 億 6,000 万円、1982 年のスペイン大会は 2 億 9,000 万円、1986 年のメキシコ大会を 3 億 1,000 万円で購入し放送した。また、1990 年のイタリア大会、1994 年のアメリカ大会、1998 年のフランス大会の 3 大会はそれぞれ 6 億円で購入している（**図表 9-5** 参照）。

　しかし、2002 年の日韓共同開催となった大会は、前回のフランス大会の 10 倍以上の 65 億円と高騰したことから、オリンピックと同様に NHK と民放とでジャパンコンソーシアム（JC）を形成し放送することとなった。

図表 9-5　FIFA ワールドカップのテレビ放映権料

年	開催国	日本向け	日本のホスト局	全世界向け	アメリカ向け
1974	西ドイツ大会	940 万円	東京 12ch（現・テレビ東京）	不明	
1978	アルゼンチン大会	1 億 6,000 万円	この 6 大会は、FIFA はアジアでの普及を掲げて 6 大会一括の放映権をアジア放送連合（ABU）を通じて、NHK に提供	不明	
1982	スペイン大会	2 億 9,000 万円		不明	
1986	メキシコ大会	3 億 1,000 万円		不明	
1990	イタリア大会	6 億円		114 億円	
1994	アメリカ大会	6 億円		132 億円	
1998	フランス大会	6 億円		162 億円	
2002	日韓大会	65 億円	ジャパンコンソーシアム　スカパー JSAT（JC とは別契約）	1,170 億円	
2006	ドイツ大会	160 億円	ジャパンコンソーシアムとスカパー JSAT の共同購入	1,600 億円	
2010	南アフリカ大会	250 億円		1,800 億円	4 億 2,500 万ドル（約 470 億円）
2014	ブラジル大会	400 億円	ジャパンコンソーシアムのみ（スカパーは放映権料を理由に撤退）	2,000 億円	
2018	ロシア大会	600 億円	ジャパンコンソーシアム（テレビ東京は中継を断念）	2,200 億円	12 億ドル（約 1,320 億円）
2022	カタール大会	300～400 億円	ジャパンコンソーシアム	3,850 億円（35 億ドルと推計）	

注：金額はいずれも推定。

▶ 出典：日本経済新聞などより筆者作成

　その後も放映権料は高騰を続け、2006年のドイツ大会が160億円、2010年の南アフリカ大会が250億円となり、この大会はJCとスカイパーフェクト・コミュニケーションズ（「スカパー」）が購入した。2014年のブラジル大会は400億円にまで高騰し、スカパーは暴騰した放映権料を理由に撤退しJCのみが購入した。ブラジル大会は、全世界での放映権料の総額は2,000億円とされ、その5分の1の400億円を日本のJCが支払ったとされている。そして、2018年のロシア大会では、JCの放映権料は、1.5倍程度の600億円に暴騰している。

　これまで、FIFAワールドカップのJCの放映権料は、NHKが70％、民放が30％負担するのが慣例とされてきた。しかしこのように暴騰する放映権料で、民放各局は放送できるのか危機に立たされている。

　ちなみに、米国内の独占放映権を取得したFOXやスペイン語チャンネルのTelemundoは、2018年のロシア大会と2022年のカタール大会の2大会で約12億ドル（約1,320億円）を支払ったと伝えられている（AP通信2011）。12億ドルは2010年の南アフリカ大会と2014年のブラジル大会の放映権料、4億2,500万ドル（約470億円）の約2.8倍である。

（3）テニス・ゴルフのメジャー大会

1）テニスの世界4大大会

　テニスの世界4大大会は、1月の全豪オープン、5月の全仏オープン、6月のウィンブルドン選手権、8月の全米オープンである。

　プロテニスも日本では幅広いファン層を抱える競技となっていて、男子では錦織圭の活躍をはじめナダル、フェデラー、ジョコビッチなどのスター選手が活躍している。女子も大坂なおみの台頭で注目度は増した。毎年開催される4大大会はグランドスラムと呼ばれ、放送状況は年ごとで変化している。日本で唯一グランドスラム全大会を放送しているのが衛星放送波のWOWOWで、大会期間中の放送時間は毎日10時間近く、合計で160時間ほどにもなる。WOWOWは日本国内で1990年代から4大大会を放送し続けているチャンネルで、取り組みも20年にわたっている。ただし、ウィンブルドン選手権の放映権はNHKが保有しており、全米オープンはWOWOWの独占放送となっている。

2）男子ゴルフの世界メジャー大会

　男子ゴルフの世界メジャー大会は、4 月のマスターズ、5 月の全米プロゴルフ選手権、6 月の全米オープン、7 月の全英オープンである。

　プロゴルフ界では、全米ゴルフ協会が全米オープンなどの主催競技の放映権を FOX スポーツに 2015 年からの 12 年間契約で売却し、年間 100 億円程度の収入を得ている。また 2019 年は、米 PGA ツアーがアメリカ国外の放映権についてディスカバリー（GOLF TV）と 12 年間約 2,200 億円で契約し、日本でも話題となった。こうした流れから、ウォールストリートジャーナルは、PGA ツアーがゴルフチャンネルや NBC、CBS などと 2021 年まで年 430 億円で結んでいる契約は、更に高額で新たに結ばれるだろうと予想している。

（4）その他の世界選手権大会の日本の放映権

1）ラグビー

　ラグビーワールドカップはラグビーユニオンのナショナルチーム世界選手権大会である。世界のラグビーの統括団体である国際ラグビーボード（IRB）が 2014 年に組織名称を「ワールドラグビー（World Rugby）」に変更し、大会名から性別に関する名称を取り除くことを発表した。それに基づき、男子および女子のための将来の全てのワールドカップは、正式に「ラグビーワールドカップ」という名称が付けられることとなった。

　第 1 回大会は 1987 年にニュージーランドで開催され、その後 4 年ごとに開催されてきた。2019 年の日本大会では、日本テレビ、NHK、J SPORTS（CS）の 3 局で試合を中継した。今回の放映権料は日本テレビ、NHK、J SPORTS（CS）の 3 局で計 20 億円である。日本テレビが 19 試合、NHK が BS を中心に 14 試合、J SPORTS が全 48 試合であった。日本テレビの放映権料の負担分は約 9 億円であった。2018 FIFA ワールドカップ・ロシア大会の放映権料が全体で約 600 億円だったことと比べると、ラグビーワールドカップ放映権料との差は歴然としている。

2）陸上競技

　世界陸上競技選手権大会は、奇数年の 8 〜 9 月に開催される陸上競技で世界最高峰の大会である。1983 年の第 1 回ヘルシンキ大会はテレビ朝日系列が

放送、1987 年の第 2 回ローマ大会から第 5 回イエテボリ大会までは日本テレビ系列が放送した。1991 年東京大会が開催された時には、『世界陸上東京大会』の番組名で放送を行った。

　1997 年第 6 回アテネ大会以降、2019 年第 17 回ドーハ大会まで TBS 系列で放送し、1997 年より TBS が IAAF オフィシャルブロードキャスターとなっている。このように、放送局が権利を奪う合う形になっているコンテンツに関しては放映権料が明らかになっていない。

3）バレーボール

　バレーボールは、世界での競技人口が第 1 位（5 億人）ともいわれる人気スポーツである。その頂点であるバレーボール世界選手権は、国際バレーボール連盟が主催する世界大会である。1962 年大会から 4 年に 1 度（オリンピックの中間年に）開催されている。ワールドカップやオリンピックと合わせて「バレーボール 3 大大会」として、国際バレーボール連盟が初めてつくったバレーボールの世界大会であり、最も伝統のある大会と位置付けられている。放送は、TBS 系列である。

　バレーボールの国際大会の形式はよくできていて、毎年オリンピック、世界選手権、ワールドカップ、グランドチャンピオンズカップ（通称「グラチャン」）のいずれかが開催される。オリンピックは NHK と民放各局が分担して放送するが、ワールドカップはフジテレビ系列、グラチャンは日本テレビ系列が放送する形で分かれている。また、2018 年に新設され第 1 回大会が開かれた「バレーボールネイションズリーグ」は、男子の「FIVB ワールドリーグ」と女子の「FIVB ワールドグランプリ」を発展的に統合した大会として、ファン獲得とスポーツ観戦のレベル向上を目的として 16 チームで争い、毎年開催される。放送は、TBS 系列となっている。

　日本での競技人口が多く人気スポーツであるバレーボールの盛り上がりは、視聴者層としての女性の F1 層：20-34 歳の女性（F は英語で女性を表す Female の意味）、F2 層：35-49 歳の女性、F3 層：50 歳以上の女性という購買層をメインターゲットとして放送している。

4）水泳競技

　世界水泳選手権は、国際水泳連盟が主催する水泳の国際大会である。正式名称は国際水連世界選手権。水泳界において、夏季オリンピックに次ぐ重要な大会とされている。かつては 2 ～ 5 年間隔で不定期に行われてきたが、2001 年

の第 9 回日本・福岡大会以降は夏季オリンピックの前年と翌年の奇数年に開催されている。

　テレビ放送は、第 1 回から第 8 回までは NHK が衛星放送などで放送していた。2001 年の第 9 回福岡大会以降は、テレビ朝日が日本国内における放映権の独占契約を結んだ。

5）フィギュアスケート

　世界フィギュアスケート選手権は国際スケート連盟（ISU）が主管轄で行う、フィギュアスケート単独の大会としては世界最大の大会。男子、女子、ペア、アイスダンスの 4 種目が行われる。各テレビ局は「協賛金」の名目で日本スケート連盟に放映権料を支払っている。現在は、フジテレビが世界選手権と全日本選手権、テレビ朝日はグランプリシリーズの放映権を持っている。日本スケート連盟の 2016 年の放映権収入はフィギュアスケートが 1 億 7,000 万円前後、スピードスケートは 2,700 万円前後であったのだが、2018 年はフィギュアの額が上がって 1 億 9,400 万円になっている。

6）柔道

　世界柔道選手権大会（「世界柔道」）は、国際柔道連盟（IJF）が主催する世界一を決定する大会。この大会の権威はオリンピックなどと同格で、現在でも IJF ワールド柔道ツアーで最高峰に位置付けられている。1979 年のパリ大会以降、毎回 NHK が中継放送していたが、1995 年千葉大会はテレビ朝日系列で中継放送された。1997 年のパリ大会、1999 年のバーミンガム大会、2001 年のミュンヘン大会まで 3 大会連続で再び NHK で放送していたが、2003 年大阪大会以後は、フジテレビ系列が独占中継放送している。

7）卓球

　テレビ東京が世界卓球選手権を初めて放送したのは 2005 年。福原愛が卓球界のアイドルとしてお茶の間でも認知されてはいたが、地上波のゴールデンタイム（19 〜 22 時）での卓球中継は初めてであった。世界卓球選手権は、個人戦と団体戦が毎年交互に開催される。2005 年の上海大会では福原の個人戦を中心に編成し、大会 4 日目に最高視聴率 9.2 ％を記録した。2009 年は横浜大会（個人戦）が開催されたが、期待の女子選手は結果を出せずに最高視聴率は 8.8 ％にとどまった。日本選手が勝ち進むかどうかで、視聴者の関心度は大きく左右される競技でもある。

　この 10 年間は、福原に続き、石川佳純に加え伊藤美誠、平野美宇ら若手が成長し、福原だけに注目と期待が集まっていた状況から大きく変貌を遂げた。2016 年オリンピック・リオデジャネイロ大会では女子団体の銅メダルを獲得、国民的な人気スポーツの仲間入りを果たした。2018 年のハルムスタッド大会（団体戦）では、女子が銀メダルを獲得し、世界卓球の番組史上 2 位の視聴率15.7％を記録した。男子も、近年は張本智和らの躍進で視聴者の関心はかつてないほど高まっている状況である。

（5）海外のメジャースポーツの放映権料

　世界のサッカーリーグの中でも、イングランドのプレミアリーグは巨額の放映権料で知られる。同リーグは昨年、2019 ～ 2021 年の 3 年間の放映権契約を、英国国内については SKY[※1] と BT[※2] の 2 放送局と合計 45 億ポンド（約 6,000億円）で更新。英国国外でも海外の放送局やネット配信会社などと、3 年間で合計 5,000 億円余の放映権契約を結んでいる。
　ちなみに、アメリカの 3 大スポーツは、各リーグ本体はアメリカンフットボールの NFL が年約 4,000 億円、バスケットボールの NBA は年約 2,900 億円、野球の MLB は年約 1,700 億円の放映権収入を得ている。ただし、所属の各チームは別途、各地元局に放映権を販売している状況だ[※3]。

▦9－2　日本でのスポーツイベント

（1）プロスポーツの放映権ビジネス

1）野球・日本野球機構（NPB）

　かつて NPB の試合（「プロ野球」）はテレビ局にとってドル箱であったが、近年はサッカーや MLB などが人気になり、多チャンネル時代を迎えたことも

※1 SKY：英国のメディア関連企業で、衛星放送・ストリーミング放送の運営などを行っている。ヨーロッパ最大の有料放送事業者。

※2 BT：英国・ロンドンに本社を置く大手電気通信事業者。英国における最大手の固定電話事業者およびインターネット・プロバイダーであり、世界でも最大規模の通信事業者の一つ。

※3 MLB では、全米放映権料については機構が契約を結び、収入を全球団に分配するが、地元放映権料については、各球団が契約を結んで収入を得る仕組みになっている。第 8 節の MLB の収入は、これら全てを含んで算出したものである。

あり、その人気は下降している。現在、中継のメインは BS と CS に移り、**地上波**で放送される試合は極めて少なくなった。

2）サッカー・J リーグ

　J リーグは 2017 年、パフォーム・グループ（英）が提供する**定額制動画配信サービス「DAZN」（ダゾーン）**との間で「日本国内におけるインターネット・モバイル配信、IPTV サービス、有料サテライト放送、CATV など」の放映権契約を 10 年間 2,100 億円で結んだ。これまでの契約状況からすると日本では破格の金額である。DAZN は更に、2020 年に契約を 2 年延長し、2028 年までの 12 年間契約の総額は 2,239 億円となった。

　かつて欧米の衛星放送がキラーコンテンツとしてスポーツイベントの放映権を独占契約し、視聴者数を伸ばしたが、今日ではネット系の配信会社が同様のことを行っている。今後も、ネット系の配信会社がスポーツイベントのネット配信権を求めることで市場が活発化していくことが予測される。ただ、DAZN などの定額制動画配信サービスによる放映は、J リーグや協会の運営にとっては安定につながる反面、今後の広いファンの獲得や長期間のスポーツの普及・振興につながっていくのかについては不透明といえる。

3）バレーボール・V リーグ

　日本バレーボールリーグ機構（V リーグ機構）と DAZN は、2016 〜 2017 年の V・プレミアリーグ男子大会を皮切りに、V・プレミアリーグ男女全試合および V・チャレンジリーグ I 男女主要試合を放送する 5 年間のパートナー契約に合意している。

4）バスケットボール・B リーグ（男子）

　NHK は、2016 〜 2017 年シーズンから B1・B2（いずれもプレーオフを含む）の放映権契約を結んでいる。BS1 で B1 を月 3 〜 4 試合程度の割合で生中継しているほか、各県域放送局のローカル中継で地元チームの試合を中継している。またフジテレビ系列が 2016 〜 2017 年シーズンの 9 月の開幕戦と 5 月のファイナル戦を地上波全国中継した。

　ソフトバンクがプレーオフを含む B1・B2 全試合のインターネット放映権を取得し、2016 年から 2 シーズン「スポナビライブ」でライブ配信していた。2018 年 5 月末にライブ配信が終了し、放映権は DAZN に引き継がれた。DAZN では 2017 〜 2018 年シーズンから配信を開始しているが、ライブ配信

の「バスケット LIVE」は 2018 〜 2019 年シーズンからである。バスケット
LIVE は B1 リーグ戦ほぼ全試合、オールスターゲーム、チャンピオンシップ、
B1 残留・B1 ／ B2 入れ替えプレーオフをライブ配信した。

▦9−3　日本でのスポーツ観戦参加人口

　日本生産性本部が発刊する『レジャー白書 2020』によれば、2019 年の「ス
ポーツ観戦参加人口（テレビでの観戦を除く）」が前年よりも 14％増加した（**図
表 9-6** 参照）。この要因としてはラグビーワールドカップの日本開催やそれ以
外のスポーツイベントが多く開催され、メディアなどで盛んに取り上げられ
たことが考えられる。ここ数年の動きでは、2014 年の参加人口が多かったが、
この年は 2 月に 2014 年冬季オリンピック・パラリンピック・ソチ大会があっ
たことでウィンタースポーツに注目が集まり、その状況の中で世界フィギュア
スケート選手権が 7 年ぶりに日本で開催されたことも影響している。更には、
6 月から 7 月にかけて 2014 FIFA ワールドカップ・ブラジル大会が開催され、
国内でサッカーへの注目が例年より高まったことなど、多くの要因が影響して
いる。オリンピック・パラリンピックなどの様々な国際大会は国内のスポーツ

図表 9-6　スポーツ観戦参加人口の推移（テレビ観戦は除く）

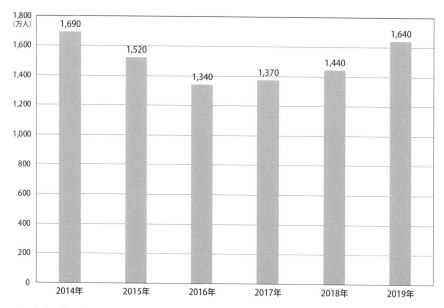

▶ 出典：『レジャー白書 2020』2020

観戦にも影響を与えているが、中でも日本国内で開催される国際大会およびそれに関連するイベントの影響力は大きい。また海外で開催されていても、国内での関連イベントの盛り上がり次第で観戦者数は変化する。

　日本イベント産業振興協会の『2019年イベント消費規模推計報告書』によれば、イベントに対する様々な支出（出発前、交通費、宿泊費、会場内、会場外、イベント後）を含めたイベントの全体消費規模金額は17兆4,890億円（前年比100.8％）と8年連続で前年を上回った。このうちスポーツイベントは2兆4,339億円と、全体の3番目の大きさであり（1位は興行イベントで6兆1,156億円）、前年からは149.1％と伸張した。調査対象者からの回答ではラグビーワールドカップ2019日本大会などの2019年の特徴的なイベントばかりでなく、市民マラソンなどの自己参加型やプロスポーツチームのファン感謝デーなど、エンターテインメント性の強いスポーツイベントが増えてきていることがわかった。イベント会場内と限定した消費規模金額も、全体で3兆3,623億円（前年比110.7％）と伸張した。このうち、スポーツイベント来場者消費額の推移が**図表9-7**である。このように本来は観戦目的でスポーツイベントに来場してはいるものの、それに加えて来場者は様々な形でスポーツイベントを楽しんでいるのである。

図表9-7　スポーツイベント来場者消費額（会場内）

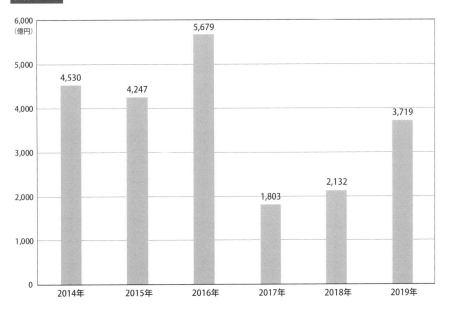

▶ 出典：『2019年イベント消費規模推計報告書』2020

図表 9-8　NPB（プロ野球）球団別観客入場者数

(千人)

	球団名	2016年	2017年	2018年	2019年	2020年
セ・リーグ	広島東洋カープ	2,157	2,178	2,232	2,224	538
	東京ヤクルトスワローズ	1,779	1,863	1,928	1,956	361
	読売ジャイアンツ	3,004	2,959	3,002	3,028	493
	横浜 DeNA ベイスターズ	1,939	1,979	2,028	2,284	468
	中日ドラゴンズ	2,058	2,011	2,146	2,285	378
	阪神タイガース	2,911	3,035	2,899	3,091	518
パ・リーグ	埼玉西武ライオンズ	1,618	1,673	1,763	1,822	300
	福岡ソフトバンクホークス	2,492	2,527	2,567	2,656	533
	北海道日本ハムファイターズ	2,079	2,086	1,969	1,971	276
	オリックス・バファローズ	1,794	1,609	1,625	1,734	334
	千葉ロッテマリーンズ	1,527	1,450	1,665	1,666	390
	東北楽天ゴールデンイーグルス	1,621	1,770	1,726	1,822	236

注1：クライマックスシリーズ、日本シリーズを除く。
注2：2019 年以前は各球団 71 〜 72 試合、2020 年は新型コロナウイルス感染症拡大の影響により各球団 60 試合。

〔(一社) 日本野球機構 (https://npb.jp) 公表資料を基に作成「情報メディア白書 2021」2021〕

図表 9-9　主な J リーグクラブの観客入場者数

(人)

クラブ名	2017 年	2018 年	2019 年	2020 年
名古屋グランパス	322,672	419,218	469,397	145,472
横浜 F・マリノス	421,028	370,401	459,168	135,466
浦和レッズ	570,215	603,534	581,135	133,780
川崎フロンターレ	375,910	394,709	395,619	133,659
ガンバ大阪	412,710	399,242	471,034	129,235
セレッソ大阪	356,491	319,782	365,810	119,240
鹿島アントラーズ	347,942	330,376	349,678	104,402
ヴィッセル神戸	310,625	367,716	365,349	102,713
FC 東京	450,331	449,338	536,187	100,522
清水エスパルス	256,965	254,844	255,735	89,002

注1：名古屋グランパスの 2017 年の観客入場者数は J 2 リーグでの入場者数である。
注2：2019 年 J 1 リーグ所属クラブのうち、年間入場者数の多い上位 10 クラブを抽出した。

〔(公社) 日本プロサッカーリーグ (https://www.jleague.jp) 公表資料を基に作成「情報メディア白書 2021」2021〕

■ 引用・参考文献一覧 ■

● 橋本純一　編『現代メディアスポーツ論』世界思想社 2002 年
● 森田浩之『メディアスポーツ解体：〈見えない権力〉をあぶり出す』日本放送出版協会 2009 年
● 藤竹暁・竹下俊郎　編著『図説日本のメディア：伝統メディアはネットでどう変わるか　新版』NHK 出版 2018 年
● 広瀬一郎『メディアスポーツ』読売新聞社 1997 年
● 小寺昇二『実践スポーツビジネスマネジメント：劇的に収益力を高めるターンアラウンドモデル』日本経済新聞出版社 2009 年
● 新井博・榊原浩晃・スポーツの歴史と文化研究会　編著『スポーツの歴史と文化：スポーツ史を学ぶ』道和書院 2012 年
● 井上俊・菊幸一　編著『よくわかるスポーツ文化論』ミネルヴァ書房 2012 年
● 平田竹男『スポーツビジネス最強の教科書＝THE STRONGEST TEXTBOOK FOR SPORTS BUSINESS LEARNERS 第 2 版』東洋経済新報社 2017 年
● 日本生産性本部　編『レジャー白書 2020』日本生産性本部 2020 年
● 日本イベント産業振興協会　編『2019 年イベント消費規模推計報告書』日本イベント産業振興協会 2020 年
● 電通メディアイノベーションラボ　編『情報メディア白書 2021』ダイヤモンド社 2021 年

COLUMN
3

スポーツイベントの感動空間をつくる

　私は、株式会社ムラヤマで文字通りスポーツイベントを彩る仕事をしています。私がこの仕事に関わった1990年後半は、国内の多くのスポーツイベント空間は、いまだ殺風景な印象でした。国際大会においても、白地に墨文字のタイトル看板が競技会場の中央に置かれ、広告看板やバナーが競技スペースを取り囲むシンプルな空間が主流でした。選手が試合に集中でき、広告がきちんと露出されることが最優先である上に、予定調和にならないことがスポーツの魅力であるため、会場全体を舞台装置のように意図的な空間に設(しつら)えることに心理的な抵抗感もあったように思えます。加えて、会場装飾を計画する立場にある私たちが、世界標準のスポーツイベント空間への知見が不足しており、空間デザインの力を発揮できないでいたのです。

　私には、スポーツイベントの空間デザインとの衝撃的な出会いがあります。それは、1999年のロサンゼルス・ローズボウルでのFIFA女子ワールドカップ決勝戦でした。会場に近づくにつれ、高さ20mを超えるグラフィカルな装飾タワーが連なり、ローズボウルの外壁も大型の装飾幕で覆

1999 FIFA女子ワールドカップ決勝会場でのグラフィカルな装飾タワー（筆者撮影）

われていました。選手をコラージュしたデザインで会場全体が表情をつくり、私たちを女子サッカー世界一決定戦の緊張感のある空間に強烈に惹き込んでいったのです。私は、まるで魔法をかけられたようなスタジアムから試合が終わっても離れられず、そのタネを探すように、装飾デザインの一つ一つを写真に残し、その素材や設置方法を丹念に調べました。その習性は、数多くの国際大会を経験した今でも続いています。

　2002 FIFA ワールドカップでは、ルックプログラム（会場装飾などのビジュアルマニュアル）がまとめられて、スポーツイベントに空間デザインの重要性を示しました。統一されたグラフィックデザインは、VI（ビジュアル・アイデンティティ）と呼ばれます。スポーツイベントの空間デザインの役割は、競技や大会の世界観を表現した VI で会場全体を包み込み、溢れるメッセージを発信して感動空間に変えてしまうことです。その力は、選手のモチベーションを高め、観る人の感動を増幅し、VIP や関係者には大会の品格を伝播していくのです。大げさに言うなと怒られそうですが、そのスポーツイベントの価値を決定付けるのです。

　当社が、長年にわたって携わらせていただいているフィギュアスケートでは、空間デザインは競技の芸術性を表現する舞台美術となり、繊細なグラフィックデザインを通してメッセージが空間に織り込まれ、会場全体を柔らかく包み込みます。メッセージを織り込めていない空間デザインは、アイキャッチに過ぎず、競技の邪魔となってしまいます。ですので、メッセージから始まるデザインプランをもとに、主催者と丁寧に話し合うことが大切になります。私たちは、裏方の立場に徹しつつも、ライブで感動を体感することを心がけ、競技の素晴らしさに直に触れて、発信されるメッセージを感じ取ることを常に意識しておく必要があるのです。

　空間デザインは、観客や視聴者に向けてだけではなく、選手、VIP、プレスに対しても細密に計画します。特に、国際大会は国と国が関わる公的な場ですから、大会主催者はホスト国として品格のある空間を設えなくてはなりません。VIP やプレスのラウンジに、大会の VI を日本の伝統色にアレンジした装飾幕や和傘や和小物などのディスプレイを設えて、大会のメッセージと合わせて日本らしさを演出することもその役割となります。

　会場の立地によっては、セキュリティを考慮して、通常の入口や通路を使用せず倉庫口や裏導線、また放送ケーブルや資材が置かれているバックヤードを選手に通ってもらう場合もあります。その際には、安全な通路確保を最優先としながら、無機質な壁面や床を装飾し、選手のモチベーショ

ンに配慮します。そこも、大会の世界観を損なわないように、VIを展開
した空間デザインで設計していきます。

　空間デザインを実現するには、会場側との綿密なコミュニケーションが
必要となります。装飾や造作物が会場の避難導線や消防設備の障害となっ
ていないか、設置方法が躯体を損傷させないかを詳細図面で確認していき
ます。当然、装飾や造作物自体が、消防・建築法規を遵守していなくては
なりません。どれだけ素晴らしい空間デザインでも、安全な仮設の施工技
術と経験豊かなスタッフがいなくては成立しないのです。

　日本のスポーツイベント空間は、2002 FIFAワールドカップからラグビー
ワールドカップ2019に至る世界大会の経験を通して、豊かな表情を持つ
感動空間に進化しました。それは、スペクタクルを演出する舞台でもあり、
ファンタジーの世界に惹き込んでいくテーマパークのようでもあります。

　まさにスポーツイベントは、興奮と幸福に満ちた感動空間なのです。

　私は、20年に及ぶその過程に触れながら、スポーツの感動を総合芸術
として発信する仕事にのめり込んでいきました。当社のフィールドは、感
動創造を理念として、ビートルズの日本武道館での舞台装置からテーマ
パークの環境演出へとつながり、スポーツイベントの感動空間づくりに広
がっています。私は、そのフィールドで自らが楽しみ、体感し、心を豊か
にする感動空間をつくり続けたいと思います。

ラグビーワールドカップ2015での外壁を彩る装飾（筆者撮影）

株式会社ムラヤマ 執行役員

秋山 稔

第10節　地域活性化とスポーツイベント

▓ 10 − 1　地域活性化機能と2種類のスポーツイベント

　イベントと地域活性化の関連性は非常に密接であり、スポーツイベントもその例外ではない。第2期スポーツ基本計画（文部科学省 2017）に「スポーツを通じた地域活性化」がうたわれているが、その具体的施策にはスタジアム・アリーナ整備、住民の地域スポーツイベントへの参加・運営・支援、地元スポーツチームの観戦・応援など、スポーツイベントに関連するものが数多く含まれている。

　スポーツイベント、特に**ゴールデン・スポーツイヤーズ**[※]（間野 2015）のような大規模イベントについて、原田（2016）は**「社会資本蓄積機能」「消費誘導機能」「地域連帯性向上機能」「都市イメージ向上機能」**という4つの機能から、地域活性化との関連性に言及している。1つめの社会資本蓄積機能とは、スポーツイベント開催を通して、生活基盤（道路等）やスポーツ施設（公園等）のインフラが整備される機能である。2つめの消費誘導機能とは、スポーツイベントに付随する消費活動（飲食等）を誘発して、地域経済を活性化させる機能である。3つめの地域連帯性向上機能とは、スポーツイベントという共通の話題が地域住民のコミュニケーションを深め、地域の連帯感（地域愛着等）の高揚や社会的交流（ボランティア等）を促進する機能である。最後の都市イメージ向上機能は、スポーツの持つ活発的・友好的などのポジティブなイメージをイベント開催都市に付随させる機能である（スポーツ都市宣言等）。これらの4つの機能を意識的にバランスよく取り入れることで、スポーツイベントを通した地域活性化の効果は最大化されることが推察される。

　観戦型スポーツイベントでは、人々がスポーツイベント（エリート選手の競技）を観ることでスポーツに間接的に関わる。一方で、参加型スポーツイベントでは、人々がスポーツイベントに参与することでスポーツに直接的に関わる。**図表 10-1** のように、前者は少数のエリート競技者と大多数の観戦者とい

※　ゴールデン・スポーツイヤーズ：日本において、「ラグビーワールドカップ 2019 日本大会」「2020年東京オリンピック・パラリンピック競技大会」「ワールドマスターズゲームズ 2021 関西」と世界規模のスポーツイベントが立て続けに行われる、2019 年からの 3 年間のこと。

う構図で表され、後者は大多数の競技者と少数の観戦者という構図で表される（Higham & Hinch 2018）。両者ともにスポーツイベントであることには変わりないが、このような性質の違いにより、両者間においてスポーツイベントと地域活性化の関連性も異なってくる。そのため、それぞれのスポーツイベントの視点から地域活性化との関わりを検討する必要がある。本節では、観戦型と参加型の枠組みからスポーツイベントの４つの地域活性化機能を概説する。その後、スポーツイベントを通した地域活性化の一つのメカニズムであるサプリメンタル観光行動を事例に両者のスポーツイベントの特徴をまとめ、本節を締めくくる。

図表 10-1　観戦型（エリート）と参加型（ノンエリート）スポーツイベントにおける観戦者と参加者の関与の概念化

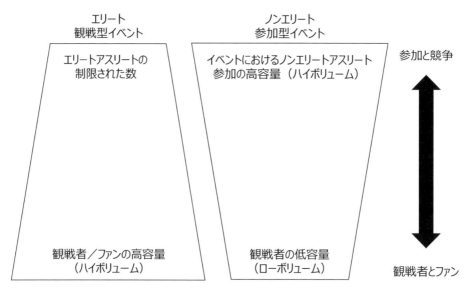

▶ 出典：Higham & Hinch 2018

10－2　スポーツイベントの４つの地域活性化機能

（１）スポーツイベントの社会資本蓄積機能

　社会資本とは、生産の一般的条件（道路等）と生活の基礎条件（上下水道等）となる手段の総称である（宮本 1988）。観戦型スポーツイベントに関する

顕著な社会資本蓄積機能は、スタジアムやアリーナの建設および整備である。2020 年東京オリンピック・パラリンピック競技大会に関していえば、新国立競技場、有明体操競技場、海の森水上競技場が建設された。1964 年オリンピック・東京大会の際に建設された東京体育館や国立代々木競技場は、2020 年東京大会にも使用される予定である。スポーツ関連以外のインフラに目を向けると、1964 年の東京大会では東海道新幹線や首都高速道路、東京モノレールといった公共交通機関の整備が進められた。2020 年東京大会ではインバウンドツーリズムを加速化させるための無料公衆無線 LAN（Wi-Fi）環境の整備、ユニバーサルツーリズム振興のためのバリアフリー化などのインフラ整備が進められてきた（国土交通省 2014）。

　国際的スポーツイベント以外では、国民体育大会が社会資本蓄積機能としてのスポーツイベントの顕著な事例として挙げられる。このスポーツイベントは、「広く国民の間にスポーツを普及し国民の体力向上を図るとともに、地方スポーツの振興と地方文化の発展に寄与することを目的として、公益財団法人日本体育協会（現・公益財団法人日本スポーツ協会）が昭和 21 年に第 1 回大会を開催して以来、毎年開催される国内最大の総合スポーツ大会」（スポーツ庁 n.d.）である。各都道府県持ち回り方式で毎年開催という特徴を基に、戦後荒廃した各都道府県のスポーツ施設の整備に貢献してきた。また、いくつかの県には国民体育大会に合わせて整備された「国体道路」があり、国民体育大会はスポーツ施設だけではなく、インフラ整備にも利用されてきた。

　参加型スポーツイベントにおいて、スポーツ施設やインフラ整備といった側面は観戦型スポーツイベントに比べて薄れる。一般的には、観戦型スポーツイベントで整備されたスポーツ施設を利用し、参加型スポーツイベントが開催される。例えば、ワールドマスターズゲームズ 2021 関西は国際規模のスポーツイベントにもかかわらず、全ての競技会場を既存のスポーツ施設で補っている。このように、観戦型スポーツイベント開催を通して蓄積された社会資本をレガシーとして、参加型スポーツイベントに活用していくことが求められる。

（2）スポーツイベントの消費誘導機能

　スポーツイベントの場面において、消費誘導とはスポーツイベント来場者にお金を使わせる仕組みを作ることである。言うまでもなく、観戦型スポーツイベントではチケット購入が大前提となる。それに加えて、来場者はスタジアム・アリーナ内外で飲食やグッズ購入、イベント前後での宿泊などに支出をす

る。特に、近年ではスポーツホスピタリティという「スタジアムを訪れる観戦者に対して、専用の個室や特別な空間での飲食、エンターテインメント、ギフト等の特別かつ上質なサービスを観戦券と組み合わせて有料で提供する観戦券付パッケージ」（JTB n.d.）が欧米で浸透してきている。日本ではラグビーワールドカップ2019にて、JTBが英国のSPORTS TRAVEL & HOSPITALITY社と共同でスポーツホスピタリティ商品を販売した。スポーツホスピタリティプログラムでは国内外からの観戦者に向けて、スタジアムが立地する自治体の魅力的な地域資源（旬の地元産食材、伝統的ギフト等）をアピールできる機会があり、地域活性化の触媒になることが期待されている（EY総合研究所・JTB 2015）。

　加えて、**スマートベニュー**という多機能複合型、民間活力導入、街なか立地、収益力向上をキーワードとした「周辺のエリアマネジメントを含む、複合的な機能を組み合わせたサステナブルな交流施設」（スポーツ庁・経済産業省2018）も注目を浴びている。例えば、スイスのバーゼルにあるサッカー専用スタジアム「Sankt Jakob-Park」には、会員制フィットネスクラブや地下3階建てのショッピングモール（約50店舗）だけではなく、オフィスやアパートメントが併設され、これら商業施設でサッカー収益とほぼ同等のスタジアム収益（約3割）をあげている（スポーツ庁・経済産業省2018）。国内においては、東京ドームを中心に複数のエンターテインメントや商業施設によって形成された東京ドームシティがスマートベニューの好事例として挙げられる（スポーツ庁・経済産業省2018）。このように、観戦型スポーツイベントでの消費誘導機能は多様化してきているのが現状である。

　参加型スポーツイベントにおいても、消費誘導機能の内容については観戦型スポーツイベントと大きな差異はない。参加型スポーツイベントにおいても観戦チケットと同様に、イベント参加料金が発生し、イベント前後の飲食や宿泊といったイベント開催地域での消費が発生する。しかしながら、消費行動の積極性という点でスポーツイベント観戦者と参加者は異なる。スポーツイベント参加者は観戦者と異なり、実際にスポーツに関与するため、コンディション調整、会場の下見、参加者オリエンテーションへの出席等の大会準備の必要性が出てくる。そのため、イベント前夜に遅くまで食事に出かけたり、イベント参加前後にショッピングへ出かけたりという可能性は低くなることが推察される。実際に、野川（1992）はホノルルマラソンの日本人参加者を対象に調査を行い、ハワイでの消費金額が一般の観光客に比べてかなり少なかったことを報告している。特にこの傾向は、参加者のスポーツイベントへの関与度や真剣

度が高くなればなるほど顕著になることが予想される。例えば、マスターズ大
会参加者は楽しみ志向と競技志向の 2 つの次元から、イベント競技者（高楽
しみ志向・高競技志向）、イベント愛好者（高楽しみ志向・低競技志向）、真剣
な競技者（低楽しみ志向・高競技志向）、初心者（低楽しみ志向・低競技志向）
の 4 グループに分類される（Ito 2020）。イベント競技者とイベント愛好者は
地域活性化に向けた消費行動の関心が高い一方で、真剣な競技者や初心者はそ
のような関心が低いことが予想される。つまり、参加型スポーツイベントでは、
ターゲットを明確にした消費誘導マーケティングが重要になろう。

（3）スポーツイベントの地域連帯性向上機能

　地域社会とは家庭や職場集団と同様に人間の基礎集団枠組みであり、「地域
を舞台とした人々の自発的な意志に基づく各種生活クラブや諸活動、諸関係の
ネットワークが、むしろ大都市を中心に積極的意味」を帯びてきている（奥
田 1988）。社会階級、年齢、所属集団に関係なく会話に入り込むことが可能な
スポーツは、「リスク・フリー」なトピックであり、地域の連帯感を促進させ
る（原田 2016）。観戦型スポーツイベントの地域連帯性向上機能に目を向けて
みると、地域密着型プロチームの存在が欠かせない。原田（2016）によると、
bj リーグ（現・B リーグ）岩手ビッグブルズと信州ブレイブウォリアーズの
2 つの事例からファンの地域愛着度は、バスケットボールを観戦しない地域住
民よりも高かったことが報告されている。「昨日の試合観た？」や「次の試合
一緒に観に行かない？」など、地域住民の共通のトピックとして、スポーツイ
ベントが社会的交流のきっかけとなることが推察される。

　このような機能においては、地域でのイベント数が多い定期的なスポーツイ
ベントの方が、周期的なスポーツイベントよりも高い効果を持つことが予想
される。しかしながら、1998 年冬季オリンピック・パラリンピック・長野大
会での長野市一校一国運動※や 2002 FIFA ワールドカップでの旧中津江村カメ
ルーン代表事前キャンプなどの一度きりの国際的スポーツイベントであって
も、国際交流事業によって地域連帯性を高めた事例が報告されている（総務省
2018）。2020 年東京オリンピック・パラリンピック競技大会においても、参
加国・地域との人的・経済的・文化的な相互交流を図る地方公共団体を「ホス

※　一校一国運動：オリンピック開催地で、学校ごとに応援する国・地域を決め、小中学生らがその
　国の文化や言葉を学んだり、選手らと交流したりする活動。1998 年冬季オリンピック・パラリ
　ンピック・長野大会から始まり、その後の大会に引き継がれるなど国際的な広がりを見せた。

タウン」として登録し、開催都市の東京以外でもオリンピック・パラリンピックが持つ地域連帯性向上機能を活用する試みが全国各地で実施されている。

　参加型スポーツイベントでは、地域住民が地元のスポーツイベントに直接的な関わりを持つことで地域連帯性が向上することが期待される。代表的な関わりはボランティアである。大勝（2018）は長野県売木村で開催されたマラソン大会「うるぎトライアル RUN」のボランティアを対象に調査を行い、ボランティア参加動機として「売木村のためだから」（38.1％）が最も高く、「人との出会いや交流のため」（28.6％）も同様に高かったことを報告している。ボランティア活動以外でも、沖縄でのマラソン大会においては、地域住民が沿道から参加ランナーを応援するだけではなく、閉会式などで参加者と交流を深めていることが報告されている（Hinch & Ito 2018）。このような地域住民のおもてなしは、参加者にポジティブな経験を与えることはもちろん、地域住民間の地域連帯性の向上にも貢献していることがうかがえる。

（4）スポーツイベントの都市イメージ向上機能

　オリンピックなどの国際的スポーツイベントを開催する際の重要な目的の一つは、開催都市の認知度ならびにイメージを向上させることである。例えば、1992 年オリンピック・バルセロナ大会では、観光目的地としてのイメージ向上に成功し、1990 年から 2000 年の間にバルセロナ市における宿泊者数が約 380 万人から約 778 万人へと倍増している（本保・矢ケ崎 2015）。1996 年オリンピック・アトランタ大会では、開催都市アトランタが犯罪率全米ワースト 1 に基づく危険な大都市というイメージを一新することに成功している（原田 2016）。

　このようなスポーツイベントの都市イメージ向上機能は、都市のブランド力に直結する。2017 年の Anholt-GfK 都市ブランド指数[※]トップ 10 のうち、オリンピック未開催都市は 4 位のニューヨークと 9 位のサンフランシスコのみであった。しかしながら、この 2 つの都市は複数のプロスポーツチームのフランチャイズになっていることからも、スポーツイベントが都市のブランド力を推進する大きな要因になっていることがうかがえる。このようなスポーツイベントに紐づいた都市イメージは、国際的スポーツイベントを誘致する際にも

※ Anholt-GfK 都市ブランド指数：マーケティングリサーチ企業 GfK（Growth from Knowledge）が，世界 50 都市に対するイメージを 6 分野（プレゼンス，場所，基礎条件，人々，意向，潜在力）で測定した指標のこと。

重要な効果を発揮する。新潟市文化・スポーツコミッションは、国際的スポーツイベントを誘致する際に、冬季オリンピックを開催した長野市に比べ、新潟市の知名度の低さが課題になっていると報告している（伊藤ら 2017）。これは、原田（2016）が述べるように、「メガ・スポーツイベントの場合、開催都市のイメージは、単なる地理的な場所のイメージではなく、スポーツが生み出した感動や興奮、スペクタクルな祝祭経験とともに人々の心の中に定着する」ためであると考えられる。このような郷愁的感情は人々をその地へ駆り立てる観光動機にもつながることが報告されている（Higham & Hinch 2018）。

　参加型スポーツイベントの開催は、特にスポーツの持つ活発的なイメージを開催都市に付随させることにつながる。約 30 年前にすでにスポーツ・健康都市宣言をした市町村が 351（全国の自治体の 10.7％）もあったことからも（山口・野川 1997）、スポーツが持つ活発、健康、生きがいなどのポジティブなイメージを自治体に紐づけるメリットがうかがえる。しかしながら、東北地方のスポーツ都市宣言をしている自治体を対象とした藤山・永田（2005）の調査では、スポーツ都市宣言をすることでその自治体でのイベント数が増加した一方で、地域住民の認識・評価が低かったことを報告している。参加型スポーツイベント開催を通して都市イメージを向上させることは重要であるが、外向きだけではなく、自治体の住民に向けた内向きの都市イメージ向上のプロモーションも地域活性化に求められるだろう。

　最後に、ここで注意したい点は、スポーツイベントの規模についてである。経済的効果に関しては、「より大きければ大きいほど良い」という原則が一般的であるが、都市イメージなどのその他の開催都市への影響に関しては、より小規模なスポーツイベントにおいても、大規模なイベントと類似したポジティブな影響を得られる可能性が指摘されている（Higham & Hinch 2018）。自治体の規模に応じたスポーツイベント開催は持続可能なスポーツ都市宣言につながり、都市イメージ向上に貢献すると考えられる。

▦ 10 − 3　スポーツイベントを通した地域活性化 : サプリメンタル観光行動

　第 2 期スポーツ基本計画（文部科学省 2017）の「スポーツを通じた地域活性化」には、スポーツツーリズムの需要喚起が挙げられている。観戦型・参加型問わず、スポーツイベントを目的に人が旅行することを考えると、スポーツ

ツーリストの流れを理解し、いかに地域活性化につなげていくかが鍵となることがうかがえる。この際に役立つ概念が、主目的の観光行動に付随する副次的な観光行動である「**サプリメンタル観光行動**」である。スポーツツーリズムの文脈でのサプリメンタル観光行動には 3 パターンあることを伊藤（2020）は報告しているが、ここではそれをスポーツイベントに限定して当てはめてみることにする。

　サプリメンタル観光行動の 1 つめのパターンは「スポーツからスポーツへ」であり、マラソン大会の参加者が翌日に J リーグを観戦するといった具体例が挙げられる。2 つめは、「非スポーツからスポーツへ」というパターンで、史跡巡りに来ていた観光客が翌日に相撲観戦をして帰路につくといった観光行動が考えられる。最後の「スポーツから非スポーツへ」というパターンでは、プロ野球観戦に来た観光客が翌日に地域の観光名所を散策してから帰宅するといった観光行動が当てはまる。異なる種類のスポーツイベントや観光名所を組み合わせることで、スポーツイベントを通して蓄積した社会資本を最大限に活用することが可能になる（社会資本蓄積機能）。そして、滞在時間が長くなればなるほど、目的地での消費金額は多くなり（消費誘導機能）、地域住民との交流の接点も増える（地域連帯性向上機能）。そして、スポーツイベントに加えて、観光資源等の地域の特色を組み合わせることで、特有の観光地イメージ構築につながる（都市イメージ向上機能）。このように、スポーツイベント観戦・参加だけの観光行動で終わらせない仕組みづくりによって、スポーツイベントの持つ 4 つの機能が最大化され、地域活性化を更に促進することにつながると考えられる。

▥ 10 − 4　地域活性化におけるスポーツイベントの役割

　本節では、スポーツイベントと地域活性化の関連性について概説した。スポーツイベントには観戦型と参加型の 2 種類があり、その種類によってスポーツイベントが持つ 4 つの地域活性化機能である社会資本蓄積機能、消費誘導機能、地域連帯性向上機能、都市イメージ向上機能が異なることを紹介した。また、これらの 4 つの機能は主目的な観光行動に付随する副次的な観光行動である「サプリメンタル観光行動」を通して、地域活性化に大きく貢献することが期待されている。詳細な解説は次節に譲るが、サプリメンタル観光行動以外にもスポーツイベントは観光行動と直接的に関連している。加えて、障がい

者スポーツイベント（第 12 節）、スポーツイベントボランティア（第 13 節）、スポーツイベントでのテクノロジー活用（第 14 節）などを通して、地域活性化は更に促進される。このように、地域活性化におけるスポーツイベントの役割は多様であるため、様々な文脈において包括的に精査することが求められるのである。

■ 引用・参考文献一覧 ■

- EY 総合研究所・JTB「メガイベントにおけるスポーツホスピタリティのすすめ」
  https://www.tourism.jp/downloads/publications/sports-hospitality.pdf　2021 年 1 月現在
- 藤山崇・永田秀隆 "地域づくりにおけるスポーツ都市宣言の効果に関する事例研究"「仙台大学大学院スポーツ科学研究科研究論文集」第 6 巻 2005 年
- 原田宗彦『スポーツ都市戦略：2020 年後を見すえたまちづくり』学芸出版社 2016 年
- Higham, J., & Hinch, T. *Sport tourism development (3rd ed.).* Channel View Publications 2018（伊藤央二・山口志郎 訳『スポーツツーリズム入門』晃洋書房 2020 年）
- Hinch, T., & Ito, E. "Research, lifelong sport, and travel: Sustainable sport tourism in the prefecture of Okinawa"「生涯スポーツ学研究」第 15 巻第 2 号 2018 年
- 本保芳明・矢ケ崎紀子 "過去のオリンピック・パラリンピックの経験を踏まえた 2020 東京オリンピック・パラリンピックを契機としたインバウンド振興策に関する一考察"「観光科学研究」第 8 巻 2015 年
- Ito, E. "Relationships of involvement and interdependent happiness across a revised masters games participant typology" *Journal of Sport & Tourism*　第 24 巻 2020 年
- 伊藤央二・山口志郎・山口泰雄・伊藤克広・髙見彰 "日本におけるスポーツコミッションの設立プロセスの検討：さいたま市、新潟市、福岡市の事例報告"「イベント学研究」第 2 巻第 1 号 2017 年
- JTB HP「ラグビーワールドカップ 2019™日本大会スポーツホスピタリティ」
  https://www.jtb.co.jp/sports/rwc2019/hospitality.asp　2021 年 1 月現在
- 国土交通省 HP「「2020 年オリンピック・パラリンピック」を見据えた観光振興」
  https://www.mlit.go.jp/common/001052823.pdf　2021 年 1 月現在
- 宮本憲一「社会資本」見田宗介・栗原彬・田中義久 編『社会学事典』弘文堂 1988 年
- 文部科学省 HP「スポーツ基本計画」
  https://www.mext.go.jp/sports/content/1383656_002.pdf　2021 年 1 月現在
- 野川春夫 "スポーツ・ツーリズムに関する研究：ホノルルマラソンの縦断的研究"「鹿屋体育大学学術研究紀要」第 7 巻 1992 年
- 大勝志津穂 "うるぎトライアル RUN ボランティア参加者の意識調査：期待度と満足度の比較"「東邦学誌」第 47 巻第 1 号 2018 年
- 奥田道大「地域集団」見田宗介・栗原彬・田中義久 編『社会学事典』弘文堂 1988 年
- 総務省 HP「ラグビーワールドカップ 2019 を通じた地域活性化についての調査研究報告書」
  https://www.soumu.go.jp/main_content/000563800.pdf　2021 年 1 月現在
- スポーツ庁 HP「国民体育大会」
  https://www.mext.go.jp/sports/b_menu/sports/mcatetop07/list/1372074.htm
  2021 年 1 月現在
- スポーツ庁・経済産業省「スタジアム・アリーナ改革ガイドブック＜第 2 版＞」
  https://www.meti.go.jp/policy/servicepolicy/guide201812.pdf　2021 年 1 月現在
- 山口泰雄・野川春夫「スポーツ都市づくりと地域振興に関する社会学的研究　1995 年度研究成果報告書概要」
  https://kaken.nii.ac.jp/ja/report/KAKENHI-PROJECT-06680103/066801031995kenkyu_seika_hokoku_gaiyo/　2021 年 1 月現在

第4章

スポーツイベントの
発展性・可能性

第11節 スポーツイベントとツーリズム

▓ 11-1 スポーツイベントとツーリズムの親和性

　スポーツイベントとツーリズムの関係は、今や切っても切り離せない関係となりつつある。日本では観光行政に限らず、スポーツ行政においてもスポーツツーリズムの注目度は年々増しており（山口ら 2017）、特に 2019 年から始まったラグビーワールドカップ 2019 日本大会、2020 年東京オリンピック・パラリンピック競技大会、そしてワールドマスターズゲームズ 2021 関西の 3 つのメガスポーツイベントを総称した「ゴールデン・スポーツイヤーズ（間野 2015）」は日本における観光産業の柱に位置付けられている。こうしたメガスポーツイベントは、単にイベントが開催される開催地の活性化に寄与するだけでなく、非開催地での事前合宿の誘致や関連イベントの開催といった様々な効果を日本全国にもたらすことから、スポーツイベントとツーリズムの親和性は高い。

　スポーツツーリズムは、1980 年代から研究者の間で認識され、1990 年代より産業界にも広く普及し始めた。スポーツとツーリズムを政策的に結び付け、スポーツツーリズムを国レベルで推進しようという方向に変化したのは 2010 年頃からである。そのきっかけとなったのは、2010 年に観光庁によって設置された「スポーツツーリズム推進連絡会議」である（原田 2020）。本会議での議論に基づき、2011 年 6 月に「**スポーツツーリズム推進基本方針**」が観光庁により発表され、2012 年にスポーツツーリズムを普及啓発する組織「一般社団法人日本スポーツツーリズム推進機構（JSTA）」が創設されることとなった（伊藤 2020）。JSTA の役割は単に官民連携の促進をサポートするだけでなく、地域スポーツコミッションといったスポーツツーリズムを推進する組織の支援や大学等との連携によるスポーツツーリズムに携わる人材育成など、その活動は多岐にわたる。

　スポーツ庁も、スポーツツーリズムの推進を積極的に進めており、2015 年度から 2017 年度にかけて実施された「地域スポーツコミッションへの活動支援」を皮切りに、2018 年度から「スポーツによるまちづくり・地域活性化活動支援事業」などの補助事業を展開している（原田 2020）。特にスポーツ庁は、

2017 年より日本の自然資源や文化資源を活用した「**アウトドアスポーツツーリズム**」と「**武道ツーリズム**」の推進に力を注いでいる。

　アウトドアスポーツツーリズムが注目される背景には、欧米諸国に引けを取らない日本の恵まれた自然資源が関係している。日本の森林面積は約 2,510 万ヘクタールあり、国土面積に占める森林の割合（森林率）は 67％と世界に類を見ない森林大国である。日本の自然資源は、①海洋資源、②山岳資源、③都市近郊資源、④氷雪資源に分類される。こうした自然資源を生かし、日本の様々な地域ではアウトドアスポーツツーリズムが推進されている。代表的な例として、海洋資源ではスキューバダイビングやスタンドアップパドルボード（SUP）、山岳資源や都市近郊資源ではトレイルランニングやハイキング、氷雪資源ではスキーやスノーボード等のアウトドアスポーツが挙げられる（原田 2020）。徳島県三好市では、吉野川の激流を生かしたラフティング世界選手権の開催により、スポーツツーリズムの推進に成功している（山口ら 2017）。

　一方、武道ツーリズムは、近年**インバウンド誘客**の一つとして注目されている。スポーツ庁（2017）が実施した「スポーツツーリズムに関する海外マーケティング調査」によると、外国人が日本で見学してみたい「みる」スポーツにおいて、武道（柔道、空手、剣道、合気道など）が最も人気のあるスポーツとなっている。また武道は「する」スポーツとしても人気が高く、空手の発祥地である沖縄県では、沖縄空手を独自の文化として保存・発展・継承するために、2016 年に沖縄県庁内に空手振興課を新設し、2017 年に豊見城城址公園跡地に「沖縄空手会館」を開館した。2018 年に沖縄空手会館にて開催された第 1 回沖縄空手国際大会には、50 か国 3,215 名が参加するなど海外から多くの空手愛好家を惹きつけている。沖縄空手の事例から明らかなように、武道ツーリズムを推進するためには、武道体験を核とした観光の受入れ体制やコンテンツを整備する必要があり（伊藤 2020）、今後様々な地域で武道とツーリズムを融合させた武道ツーリズムを計画的に推進していくことが期待されている。

　アウトドアスポーツツーリズムと武道ツーリズムに代表されるスポーツツーリズムの推進は、日本の自然・歴史・文化などの資源を活用することにより、その効果は最大化される。一方で、スポーツツーリズムを推進する上でスポーツツーリズムの本質を捉えることが重要であり、スポーツイベントとツーリズムとの親和性や活用方法について理解することも重要である。よって本節は、スポーツツーリズムの定義や発展について概説し、スポーツツーリストの行動を把握した上で、スポーツイベントを活用したスポーツツーリズムの推進事例について紹介する。

▓ 11 − 2　スポーツツーリズム

（1）スポーツツーリズムの定義

　スポーツツーリズムは、スポーツとツーリズムの合成語であることから、それぞれの言葉の本質を理解することが重要である。スポーツとは、「構造化された、目標志向で、競争的な、勝敗に基づく、遊技的な身体活動」（McPherson et al. 1989）とスポーツ社会学では定義され、ルールを遵守し、相手をリスペクトして競争し、勝利する喜びがあるとされている（北村 2015）。スポーツの定義については、スポーツの意味が時代や場所によって異なると指摘されているものの、その基本的な特徴には、①ルール、②競争、③遊び、④身体活動の4つの要素が含まれている（Higham & Hinch 2018）。

　一方、ツーリズムとは、**国連世界観光機関（UNWTO）** によると、「継続して1年を超えない範囲で、レジャーやビジネスあるいはその他の目的で、日常の生活圏の外に旅行したり、また滞在したりする人々の活動を指し、訪問地で報酬を得る活動を行うことと関連しない諸活動」（佐竹訳 2010）と定義されている。また、観光庁は、UNWTO の見解を支持しながら、「余暇、ビジネス、その他の目的のため、日常生活圏を離れ、継続して1年を超えない期間の旅行をし、また滞在する人々の諸活動」と定義している（観光庁 2013）。これらの定義から、ツーリズムの基本的な特徴には、空間、時間、活動の3要素が重要とされている（Higham & Hinch 2018）。

　上記のスポーツとツーリズムの定義や主要な特徴を組み合わせることにより、スポーツツーリズムの概念化を図ることができる。Hinch and Higham（2001）は、**スポーツツーリズムを「一定の期間生活圏から離れ、独自のルール、優れた身体能力に基づく競争、遊び戯れるという特徴をもつスポーツの要素を含む旅行」と定義**しており、本節はその定義に従って進めることとする。

（2）スポーツツーリズムのトリプルボトムライン

　スポーツツーリズムでは、トリプルボトムラインと呼ばれる「社会・文化」「経済」「環境」の側面における影響のバランスを考慮した、**持続可能な発展が求められている**（Higham & Hinch 2018）。持続可能なスポーツツーリズムの概念を図にすると**図表 11-1** のようになる。

図表 11-1　持続可能なスポーツツーリズムの発展

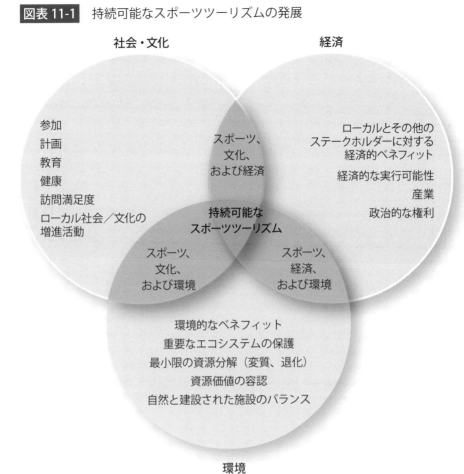

社会・文化　　　　　　　　経済

参加
計画
教育
健康
訪問満足度
ローカル社会／文化の
増進活動

スポーツ、
文化、
および経済

ローカルとその他の
ステークホルダーに対する
経済的ベネフィット
経済的な実行可能性
産業
政治的な権利

持続可能な
スポーツツーリズム

スポーツ、
文化、
および環境

スポーツ、
経済、
および環境

環境的なベネフィット
重要なエコシステムの保護
最小限の資源分解（変質、退化）
資源価値の容認
自然と建設された施設のバランス

環境

▶ 出典：Higham and Hinch（2018）を基に作成

　「社会・文化」的側面はスポーツツーリズムに関する参加、計画、教育、地域活性化、満足度などの社会心理的な側面を含む領域を指し（伊藤・Hinch 2017）、スポーツツーリズムによる具体的な社会・文化への影響として、地域における社会・文化の増進や異文化交流の促進、個人の心理的健康や訪問者満足等の効果が地域にもたらされる。

　「経済」的側面は経済波及効果やスポーツツーリズム産業を扱う領域を指し（伊藤・Hinch 2017）、スポーツツーリズムによる具体的な経済の影響として、地元地域やステークホルダーに対する経済的利益の創出や経済的な成長産業の促進、雇用や所得の創出といった効果を地域に誘発する。

　「環境」的側面は環境保全や環境資源の認知等の領域を指し（伊藤・Hinch

2017)、スポーツツーリズムによる具体的な環境の影響として、自然環境や歴史的建造物における資源価値の容認や環境教育の促進、公害やゴミ等の環境意識の向上効果につながる。これら「社会・文化」「経済」「環境」の3つの側面は、プラスの影響もあれば、マイナスの影響もあり、推進する事業内容によって異なる。

　スポーツツーリズムを担当する行政担当者やイベント主催者は、スポーツツーリズムの発展を通じた直接的な経済への影響のみに焦点を当てるのではなく、持続可能な社会・文化や環境への影響にも目を向ける必要がある（松岡2016）。特に、経済効果を生み出す可能性が高いスポーツイベントでは、経済面に偏った取り組みは地域住民の反感を買い、スポーツイベントの継続が難しくなるといった問題点も垣間見える。そのため、スポーツイベントを開催する際は、トリプルボトムラインのバランスを考慮したスポーツツーリズムの発展を推し進めていくことが望まれる。

（3）スポーツツーリストの定義とツーリズム行動

　スポーツツーリストの行動を把握することは必要不可欠である。**スポーツツーリストとは、一般的にスポーツ観戦やスポーツ参加を主目的とした旅行者**を指すとされている（工藤・野川2002）。近年はスポーツツーリストの目的も多様化しているので、スポーツツーリストの行動を把握することは必要不可欠である。

　Higham and Hinch（2018）は、スポーツツーリストのツーリズム行動を主目的、副目的、偶然に分類している。主目的（1次的）とは、旅行の主目的がスポーツイベントやスポーツプログラムへの観戦や参加行動である。具体的には、2020年東京オリンピック・パラリンピック競技大会への観戦や東京マラソンへの参加などを主目的とした旅行者である。副目的（2次的）とは、旅行者が事前にスポーツイベントやスポーツプログラムへの観戦や参加が可能なコンテンツが目的地にあることを知っているが、旅行の主目的が別にある場合である。具体的には、東京を訪れたついでに、旅行の副目的として大相撲の国技館観戦ツアーや東京ドームのプロ野球観戦行動を指す。偶然（3次的）とは、旅先で偶然に観戦や参加可能なスポーツイベントやスポーツプログラムを見つけて旅行者が観戦・参加する関わり方である。具体例としては、神戸の観光地である北野坂を散策していた際、たまたま「スペース11 ダルビッシュミュージアム」を見つけて見学するといった偶発的な観光行動である。

　スポーツツーリスト研究は国内のスポーツイベント観戦者や参加者を対象
とした研究が多く、海外からの訪日スポーツツーリストを扱った研究は少な
い。本節では、第 8 回神戸マラソンの訪日スポーツツーリスト（インバウン
ド）調査結果（山口 2019）を紹介する。第 8 回神戸マラソンに参加した訪日
スポーツツーリストは、個人旅行が 94.8％、日本の訪問回数は 10 回以上が
45.4％、滞在の主目的はマラソン参加が 93.0％、日本への滞在日数は 10 日以
上が 20.2％であった（**図表 11-2** 参照）。調査結果は、神戸マラソンのインバ
ウンドツーリストに焦点を当てているが、スポーツイベントの種類や規模に
よって主目的（1 次的）、副目的（2 次的）、偶然（3 次的）の割合は異なるこ
とから、今後更なる調査データの蓄積が必要である。

図表 11-2　第 8 回神戸マラソンに参加する訪日スポーツツーリストの観光情報

	n	%		n	%	フライト情報	往路 n	%	復路 n	%
同伴者			**日本訪問回数**			**フライト情報**				
単独	117	20.6%	1 回	28	5.8%	関西国際空港	435	89.7%	426	88.2%
家族	201	35.3%	2 回	24	4.9%	羽田空港	6	1.2%	8	1.7%
スポーツクラブ	17	3.0%	3 回	29	6.0%	成田国際空港	8	1.6%	12	2.5%
友人	201	35.3%	4 回	33	6.8%	福岡空港	2	0.4%	3	0.6%
同僚	25	4.4%	5 回	52	10.7%	神戸空港	3	0.6%	3	0.6%
その他	8	1.4%	6 回	34	7.0%	大阪国際(伊丹)空港	23	4.7%	24	5.0%
旅行形態			7 回	30	6.2%	中部国際空港	6	1.2%	1	0.2%
個人旅行	458	94.8%	8 回	24	4.9%	その他	2	0.4%	6	1.2%
パッケージツアーと個人旅行のミックス	23	4.8%	9 回	11	2.3%		日本滞在日数		神戸滞在日数	
パッケージツアー	2	0.4%	10 回以上	220	45.4%	1 日	0	0.0%	32	6.6%
神戸における宿泊先			**宿泊予約方法**			2 日	0	0.0%	102	21.1%
ホテル	370	70.1%	旅行サイト	353	74.6%	3 日	32	6.6%	154	31.8%
旅館	50	9.5%	ホテルサイト	97	20.5%	4 日	72	14.9%	112	23.1%
民泊	19	3.6%	旅行会社	23	4.9%	5 日	87	18.0%	50	10.3%
ユースホステル	20	3.8%	**滞在目的**			6 日	79	16.3%	18	3.7%
ゲストハウス	23	4.4%	マラソン	450	93.0%	7 日	38	7.9%	5	1.0%
友人宅	9	1.7%	ビジネス	3	0.6%	8 日	33	6.8%	5	1.0%
なし	23	4.4%	友人訪問	3	0.6%	9 日	37	7.6%	0	0.0%
その他	14	2.7%	観光	24	5.0%	10 日以上	98	20.2%	6	1.2%
			その他	4	0.8%					

▶ 出典：山口（2019）を基に作成

11-3　スポーツイベントを活用した
　　　　　スポーツツーリズムの推進

（1）観戦型スポーツイベント

　現在、全世界において、スポーツツーリズムの中で最も人気があるのが観戦型スポーツイベントである。代表的な例は、オリンピック、FIFA ワールドカップ、ラグビーワールドカップの世界3大スポーツイベントが挙げられる。2019年9月20日から11月2日に日本で開催されたラグビーワールドカップ2019日本大会は大変な盛り上がりを見せた。2009年に開催が決定して以降、公益財団法人ラグビーワールドカップ2019組織委員会主導の下、スタジアムやインフラ整備が進められ、イベントの準備と並行した形でラグビー文化の発展や地域活性化に向けた施策が練られた。

　公益財団法人ラグビーワールドカップ2019組織委員会（2020）による「ラグビーワールドカップ2019™日本大会 開催後経済効果分析レポート」によると、最終的なラグビーワールドカップの経済効果（経済波及効果）は6,464億円となった。また、チケット販売数は172万枚となり、チケット完売率はラグビーワールドカップ史上、最高（99％）を記録した。特筆すべきは、イベント期間中のソーシャルメディアの動画再生回数が、前回のラグビーワールドカップ2015イングランド大会と比べ、5倍以上の20.4億回に達した点である。

写真1　ラグビーワールドカップ2019日本大会　アイルランド対ロシア戦の
　　　　会場の様子

（筆者撮影）

　また、経済効果全体の 54％が訪日客の消費支出によるものであり、訪日スポーツツーリストの 6 割が日本初訪問であったことからも、インバウンドスポーツツーリズムを推進する上で、重要な観戦型スポーツイベントとなった。

　一方、国内外の誘客・消費拡大につながる観光資源として、サイクルツーリズムが注目を浴びており、さいたま市で開催されている「ツール・ド・フランスさいたまクリテリウム」は、観戦型サイクリングイベントとして人気を博している（山口・押見 2020）。このイベントは、2011 年 10 月に日本で初めて創設されたスポーツコミッションである「さいたまスポーツコミッション」の目玉コンテンツとして、2013 年 10 月に第 1 回大会が開催された。「ツール・ド・フランス第 100 回大会」を記念して開始された本イベントは、世界のトップ選手と国内主要選手たちがクリテリウムレース（距離の短い周回コースを何周も回って順位を競うレース）を通じて、自転車競技の社会的認知度や関心度の向上を図るとともに、本イベントの開催を通じて地域活性化と持続可能な社会を実現することを目的としている。

　2019 年に第 7 回大会を迎えたこのイベントは、観戦者数が 10.6 万人、経済効果が約 30 億円と推計されるなど、さいたま市に大きな効果をもたらしている。このイベントの特徴は、イベント開催前にさいたまクリテリウム 2019 in 埼玉スタジアム 2002 といったプレイベントを実施しており、またイベント当日選手たちのレース以外に、さいたまるしぇやサイクルフェスタ、J:COM ファンイベント等の関連イベントを実施することにより、イベント効果を最大化させている。特に、ツール・ド・フランスさいたまクリテリウムは観戦型サイクルイベントでありながら、サイクリングの参加者を増やす仕掛けづくりに取り組んでおり、様々なステークホルダーがイベント期間に限らず、年間を通じた取り組みを行っていることがイベント成功の要因といえる（山口・押見 2020）。またイベント主催者によると、埼玉県外からの観戦者が 2017 年から 5 割を超え、年々増加傾向にあるなど、スポーツツーリズムの促進にも寄与している。

（2）参加型スポーツイベント

　近年、市民マラソンに限らず、トライアスロンやサイクリング、トレイルランニングなど様々な参加型スポーツイベントに参加申し込みが殺到しており、スポーツツーリズムの中でも人気のコンテンツとなっている（Higham & Hinch 2018）。日本では市民マラソンが最も人気のある参加型スポーツイベントであるが、その先駆けとなったのが、毎年 12 月の第 2 日曜日にハワイで開

催されるホノルルマラソンである（野川 1992）。ホノルルマラソンは、1973
年に心臓病の医師である J. スキャッフ氏の提唱の下、「長距離をゆっくり走る
ことは、心臓病の予防と治療に非常に効果的である」という開催理念に基づき
イベントが開催されている。

　ホノルルマラソンは、参加定員や制限時間がなく、7 歳以上であれば誰でも
参加でき、世界有数のリゾート地であるハワイのホノルルを走りながら 1 万
人の市民ボランティアがランナーをもてなすイベントである。2019 年のエン
トリー数は 30,551 人であり、そのうち日本からの参加者が 14,882 人を数え
るなど、アウトバウンドスポーツツーリズムの象徴ともいえる参加型スポーツ
イベントである。ホノルルマラソンの特徴は、リピート率の高さである。開催
年によって異なるものの、リピート率は毎年 30% 前後を推移しており、離島
であるハワイという地理的条件や多額の旅行費用がかかることを考えると、こ
の数値は極めて重要な意味を持つ（二木 2018）。

　イベント当日はホノルル市内がマラソンムード一色に様変わりする。参加者
は制限時間を気にせず、ハワイの伝統文化（例えば、フラダンス、ハワイアン
ミュージックなど）やホノルルの景観を見ながら走ることができ、市民やボラ
ンティア、そして参加者同士の交流を図ることができる。このようなホノルル
マラソンの祝祭空間の仕掛けづくりは、スポーツツーリズムの推進において参
考になる点である。

　次に、日本においても離島という地理的条件で開催されている参加型スポー
ツイベント、ツール・ド・おきなわを紹介する。ツール・ド・おきなわは、"ホ
ビーレーサーの甲子園" と称され、国際レースから市民レースまで合計 26 種
目を開催する参加型サイクリングイベントである。1987 年の沖縄海邦国体に
おいて、沖縄本島北部地域が自転車ロードレースの競技会場となったことか
ら、自転車競技運営のノウハウをレガシーとして継承し、自然に優しいサイク
ルスポーツを通した地域づくりを目的に、1989 年から開催された。2019 年の
第 31 回大会への参加者数は 4,552 名（うち海外参加者 370 名）であり、経済
効果は 2015 年第 27 回大会において 5.5 億円と推計されている。本イベント
は、2016 年に自転車競技の発展およびサイクルスポーツの普及により沖縄県
の地域振興に貢献したとして、第 4 回スポーツ振興賞（公益社団法人日本スポー
ツ健康産業団体連合会ならびに JSTA）においてスポーツ振興大賞を受賞して
いる（山口・押見 2020）。

　このイベントが近年力を入れているのが、環境への配慮である。スポーツツー
リズムの推進において、トリプルボトムラインのバランスを考慮することが重

要ということを前述したが、ツール・ド・おきなわでは「シマノレーシングチームと走る！ロードクリーン作戦」と題し、コース上のペットボトルやゴミ回収に取り組んでいる。また、特別協賛スポンサーの ANA も「Clean for Ride」と題したクリーン活動を市民と行ったり、沖縄県サイクリング協会がプレイベント「クリーンサイクリング in 本部町」でサイクリングを行いながら道路の掃除も実施している。これらの取り組みは、スポーツイベントを使って持続可能なスポーツツーリズムの発展を推進する事例として、参考にすべき点である。

写真2　ツール・ド・おきなわ

© ツール・ド・おきなわ大会事務局

写真3　シマノレーシングチームとともに行われたロードクリーン作戦

© 沖縄県サイクルツーリズム推進協会　謝花さゆり

（3）フィジカル e スポーツイベント

　2020 年は、新型コロナウイルス感染症（COVID-19）拡大に伴い、社会情勢は大きく変化し、2020 年東京オリンピック・パラリンピック競技大会をはじめ様々なスポーツイベントの中止・延期により、日本のスポーツイベント産業は大きなダメージを受けた。スポーツイベントだけでも約 1,300 億円の損失が発生している（ぴあ総合研究所 2020）。そうした状況の中、今後注目される新たなスポーツイベントとして、"フィジカル e スポーツ" が挙げられる。

　フィジカル e スポーツは、身体性のフィジカルと e スポーツを掛け合わせた造語である。フィジカルと電子機器を用いて行う e スポーツの娯楽、競争、スポーツを融合させた、「電子機器を用いて行う娯楽的で競争的な身体活動」と定義される。コロナ禍により、スポーツ、レクリエーション活動が制限され、運動不足の問題が顕在化する中、フィジカル e スポーツは、**自宅でくつろぎながら、自分の得意な領域で行う「アットホームスポーツ」**としての潜在性も秘めており、ニューノーマル時代の新たなコンテンツとして注目されている（山口 2020）。

　2020 年 7 月 26 日に兵庫県の有馬温泉において、第 1 回フィジカル e スポーツイベント「有馬 - 六甲 Virtual Ride Race」が開催された。本イベントの目的は、①有馬～六甲山のサイクルツーリズムの促進、②フィジカル e スポーツの体験を通じたスポーツ実施率の向上、③イベント開催を通じた有馬温泉街の賑わいの創出である。

　有馬 - 六甲 Virtual Ride Race は、「ヴァーチャル」と「リアル」の融合をテーマに、サイクリングをヴァーチャルで楽しみながら、実際にペダルを漕ぐといったインドアサイクリングのイベントである。インドアサイクリングは、屋外用のロードバイクを屋内に設置・固定し、ロードバイクに取り付けた各種センサーから取得した情報をパソコンやスマートフォンに接続し、インドアサイクリングアプリと連携させることであたかも屋外でサイクリングをしている状況を屋内で再現できる。

　イベント当日は、会場となった有馬温泉の e スポーツバー「BAR DE GOZAR」にて、プロのサイクリストと競輪選手ら 4 名がオンライン上でレースに参加した。同時に世界各国のサイクリストもオンライン上でレースに参加した。参加者数は海外からの 59 人を含め 109 名であり、レースの様子は YouTube にてライブ配信された。このイベントのサイクリングコースは、有馬温泉から六甲山頂にかけてのコース映像（約 15 km）を Rouvy（インドア

サイクリングアプリ）内に AR 化（拡張現実処理）しており、有馬温泉の観光スポットや六甲山の起伏に富んだ地形を楽しめるコース設定となっている。また、有馬 Virtual Ride Race のコースは、Rouvy においていつでもトレーニングとして走行できる。そのため、オンラインで参加したサイクリストが、今後実際のコースを走行することで有馬 - 六甲エリアの活性化といったスポーツツーリズムの推進につながる。こうした仕掛けづくりは行政機関や産業界から高く評価され、本イベントは 2020 年に第 3 回パブコン（スポーツ庁）において優秀賞、第 8 回スポーツ振興賞（公益社団法人日本スポーツ健康産業団体連合会ならびに JSTA）において日本商工会議所奨励賞を受賞している。

　有馬 - 六甲 Virtual Ride Race はアジアで初めてフィジカル e スポーツイベントを開催した点や「ヴァーチャル」と「リアル」を融合させた点で先進的ではあり、スポーツツーリズムにおけるトリプルボトムラインのバランスを重要視しつつ、参加者数や波及効果といった部分で萌芽的な取り組みであることから、今後こうした実証事業が増えることが期待される。

写真4　有馬 - 六甲 Virtual Ride Race

（筆者撮影）

■ 引用・参考文献一覧 ■

- Gibson, H. "Sport tourism: A critical analysis of research" *Sport Tourism Review.* Vol. 1 No. 1 1998
- 原田宗彦『スポーツ地域マネジメント：持続可能なまちづくりに向けた課題と戦略』学芸出版社 2020 年
- Higham, J., & Hinch, T. *Sport tourism development (3rd ed.).* Channel View Publications 2018（伊藤央二・山口志郎 訳『スポーツツーリズム入門』晃洋書房 2020 年）
- 観光庁「観光入込客統計に関する共通基準」2013 年 https://www.mlit.go.jp/common/000995211.pdf　2021 年 1 月現在
- Hinch, T., & Higham, J. "Sport tourism: A framework for research" *The International Journal of Tourism Research.* Vol. 3 No. 1 2001
- 伊藤央二・Hinch, T. "国内スポーツツーリズム研究の系統的レビュー"「体育学研究」第 62 巻 2017 年
- 伊藤央二 "ポスト東京 2020 オリンピック・パラリンピック競技大会のスポーツツーリズム政策"「観光学評論」第 8 巻第 1 号 2020 年
- 北村薫 "スポーツの社会的意義"「保健の科学」第 57 巻第 1 号 2015 年
- ラグビーワールドカップ 2019 組織委員会 HP「ラグビーワールドカップ 2019 ™日本大会開催後経済効果分析レポート」 https://www.eyjapan.jp/newsroom/2020/pdf/2020-06-24-ey-the-economic-impact-rwc2019.pdf　2021 年 1 月現在
- 工藤康宏・野川春夫 "スポーツ・ツーリズムにおける研究枠組みに関する研究："スポーツ" の捉え方に着目して"「順天堂大学スポーツ健康科学研究」第 7 号 2002 年
- 間野義之『奇跡の 3 年 2019・2020・2021 ゴールデン・スポーツイヤーズが地方を変える』徳間書店 2015 年
- 松岡宏高「第 14 章スポーツツーリズムのマネジメント」山下秋二・中西純司・松岡宏高 編著『図とイラストで学ぶ新しいスポーツマネジメント』大修館書店 2016 年
- McPherson, B. D., Curtis, J. E., & Loy, J. *The social significance of sport: An introduction to the sociology of sport.* Champaign, IL: Human kinetics 1989
- 二木真 "ホノルルマラソンの実践から見出す持続的価値の重要性：日本におけるスポーツツーリズム成功への課題"「日本国際観光学会論文集」第 25 巻 2018 年
- 野川春夫 "スポーツ・ツーリズムに関する研究：ホノルルマラソンの縦断的研究"「鹿屋体育大学学術研究紀要」第 7 巻 1992 年
- ぴあ HP「新型コロナウイルスによるライブ・エンタテインメント業界への影響」 https://corporate.pia.jp/news/detail_covid-19_damage200529.html　2021 年 1 月現在
- 佐竹真一 "ツーリズムと観光の定義：その語源的考察、および、初期の使用例から得られる教訓"「大阪観光大学紀要」第 10 巻 2010 年
- スポーツ庁 HP「スポーツツーリズムに関する海外マーケティング調査報告書」 https://www.mext.go.jp/sports/content/20200330-spt_stiiki-000005408-12.pdf　2021 年 1 月現在
- 山口志郎・高松祥平・伊藤央二・岡安功 "中山間地域における持続可能なスポーツツーリズムの発展：四国吉野川のアウトドアスポーツを事例に"「生涯スポーツ学研究」第 14 巻第 2 号 2017 年
- 山口志郎 "神戸マラソンインバウンド調査報告書" 流通科学大学スポーツマーケティング研究室 2019 年
- 山口志郎・押見大地 "サイクルイベントから生じるインパクトの最大化：ステークホルダー視点のイベントレバレッジ戦略と社会効果の検証"「2019 年度笹川スポーツ研究助成研究成果報告書」第 9 巻第 1 号 2020 年
- 山口志郎 "ニューノーマル（新常態）のスポーツの在り方は？：リアルとヴァーチャルの融合による新たなスポーツの可能性"「神戸商工だより」2020 年 10 月号 神戸商工会議所 2020 年

スポーツホスピタリティ™の取り組みについて

COLUMN
4

　アジアで初、そしてラグビー伝統国以外で初開催となったラグビーワールドカップ 2019 日本大会（以下「RWC2019」という）は、2019 年 9 月 20 日から 11 月 2 日までの 44 日間、日本全国 12 都市で行われました。

　多くの感動シーンが生まれ、また 2019 年の新語・流行語大賞に「ONE TEAM」が選ばれるなど、たくさんの注目を集めた RWC2019 ですが、JTB は様々な形で関わりを持ち、大会成功に貢献することができました。

　JTB は、RWC2019 組織委員会から受託した参加チームや大会関係者の宿泊・輸送業務をはじめ、各開催都市との連携による観戦客の交通輸送計画策定・実施業務、大会公式旅行会社としての観戦ツアーの造成・販売、そして公式ホスピタリティパッケージの造成・販売に関与しました。

　今回は、JTB としてスポーツホスピタリティ™への取り組みを始めた経緯、RWC2019 における公式ホスピタリティパッケージの内容や実績、そして 2020 年以降に向けた取り組みをご紹介させていただきます。

1．スポーツホスピタリティ™とは？

　スポーツホスピタリティ™は、欧米では一般的なスポーツ観戦のスタイルとして定着しています。観戦チケットと組み合わせた専用の個室や特別な空間での飲食と、エンターテインメントやギフトなどをパッケージ化し、特別で上質なサービス体験を観戦客に提供いたします。例えば、法人企業が大事なステークホルダーを招待し、世界最高峰のスポーツ観戦とともに豪華な食事を楽しむ。それによって、ビジネス上のコミュニケーションをより緊密にし、新たなエンゲージメントを育む、新しい観戦スタイルとして注目されています。スポーツ庁・経済産業省が 2016 年 6 月にまとめた「スポーツ未来開拓会議　中間報告」においても、スポーツ市場拡大の取り組みの一つとして「コーポレート・スポーツ・ホスピタリティ市場」の創出への期待が触れられています。

2．JTB としての取り組み経緯

　JTB は、ラグビーワールドカップ 2015 イングランドの大会公式旅行会社として、スポーツホスピタリティ™を体感する機会がありました。ラグビーの本場での本格的なホスピタリティを実際に経験することでビジネスとしての可能性を大きく感じ、また日本におけるスポーツ市場拡大の潮流や RWC2019 をはじめ日本で開催されるメガスポーツイベントを見据えて、Sports Travel & Hospitality Group（英国、CEO：サイモン・ジェフォード、以下「STH グループ」という）が日本国内に設立したスポーツホスピタリティ専門会社である STH JAPAN 株式会社（以下「STH JAPAN」という）へ 2017 年 3 月に出資を行い、共同で日本国内におけるスポーツホスピタリティ™事業に取り組むことといたしました。

3．RWC2019 における取り組み

　RWC2019 公式ホスピタリティパッケージは、大会の公式ホスピタリティプロバイダーである STH JAPAN が、大会開催約 2 年前の 2018 年 2 月に販売を開始しました。日本における本格的なスポーツホスピタリティ™は、ほぼ初めてのケースでしたが、国内外のお客様からご期待の声とともに多数のお申し込みを頂戴いたしました。

　特に、RWC2019 のメインスタジアムであった横浜国際総合競技場に隣接した場所の特設会場「ウェブエリス・スイート」は、1 室あたり約 4,000 万円のパッケージが販売開始後あっという間に売り切れたほどでした。1 室 20 名様×横浜で実施された 7 試合をご利用いただける個室タイプのパッケージで、クローズドの個室空間はブランディングも可能であったため、法人のお客様からはステークホルダーをもてなす場としてご好評をいただきました。

　大会期間中には台風 19 号接近に伴う一部試合の中止などもありましたが、最終的には全 10 種類のパッケージで計 6 万名様を超えるお客様に公式ホスピタリティパッケージを体験いただくことができました。その中でも、金融業界のお客様に多くのご利用をいただきました。ある大手証券会社様には、札幌から大分まで各試合会場の公式ホスピタリティパッケージを約 150 パッケージご購入いただきました。日本各地にいらっしゃるお得意様との接点づくりや関係性強化のための新たなコミュニケーション

　ツールとしてご利用をいただき、2020年以降のビジネス拡大につながる
よい機会であったとの評価をいただきました。
　STH Japanは、仮設建築の設計やブランディング、ケータリングなど
スポーツホスピタリティ™に必要なスペシャリストとノウハウ・経験を社
内に保有し、一気通貫でパッケージを創り上げることを強みとしています。
パッケージをご購入されたお客様とその先のゲストの体験価値を最大化す
るために、一生に一度の感動体験を提供できるよう常に意識し取り組んで
おります。

4．まとめ

　JTB と STH JAPAN は、スポーツホスピタリティ™を通じて、日本のスポーツビジネス発展に寄与していきたいと考えています。2021 年に延期となった 2020 東京オリンピック・パラリンピック競技大会においても、公式ホスピタリティパッケージの準備が現在進行形で動いております。

　RWC2019 と 2020 東京オリンピック・パラリンピック競技大会を通じて得たグローバルイベントの経験も強みにし、そして JTB と STH グループが保有する海外ネットワークも活かしながら、日本のみならずアジアや欧米でのビジネス拡大も見据えて、取り組みを進めています。

　2021 年以降も、各種スポーツイベント・大会やプロスポーツリーグ、ライツホルダーなどと協業し、スポーツホスピタリティ™によって「お客様の実感価値をいかに創出するか」「感動体験をどのように最大化するか」を常に追い求めていきます。ぜひご期待ください。

STH Japan 株式会社

遠藤 雅幸・阿部 一晴

障がい者スポーツ・ユニバーサルスポーツ

　2013 年の 2020 年東京オリンピック・パラリンピック競技大会の招致決定後、テレビをはじめとした多くのメディアで障がい者※スポーツとパラリンピックに関する話題がそれまで以上に取り上げられるようになった。障がい者のスポーツは、リハビリテーションの手段から、今は生涯を通じて、いつでも、どこでも、誰でも楽しむ「生涯スポーツ」や、他者との競争を通してスポーツの技術の習得や記録の向上を目指す「競技スポーツ」など、障がいのない人と同様、障がい者がスポーツに参加するきっかけも多様化してきている。本節では、障がい者スポーツの歴史、現状、そして今後の展望について概観する。

▦ 12 − 1　障がい者とは

　我が国の障がい者人口は、身体障がい児・者 436 万人、知的障がい児・者 108 万 2,000 人、精神障がい者 419 万 3,000 人で、国民のおよそ 7.6％が何らかの障がいを有しているといわれている（内閣府 2019）。「身体障がい」「知的障がい」「精神障がい」の 3 障がいが長い間一般的に「障がい」と理解されてきたが、2011 年に改正された障害者基本法において、**障害者とは、「身体障害、知的障害、精神障害（発達障害を含む。）その他の心身の機能の障害がある者であって、障害及び社会的障壁（事物、制度、慣行、観念等）により継続的に日常生活又は社会生活に相当な制限を受ける状態にあるものをいう」**と定義された（内閣府 2011）。

▦ 12 − 2　障がい者スポーツの歴史

（1）障がい者スポーツの発祥

　英国において、第二次世界大戦（1939 〜 1945 年）で負傷した軍人のリハビリテーションの一環としてスポーツが導入されたことが、障がい者スポーツ

　※　本テキストでは、固有名詞や法律名称、引用箇所が「障害」と明記されている場合、および物理的な妨げのことをいう場合には「障害」、それ以外は「障がい」と表記している。

の始まりである。ロンドン郊外のストーク・マンデビル病院の脊髄損傷科初代科長であるグットマン卿は、脊髄損傷者の治療を通じて身体的・精神的リハビリテーションにはスポーツが最適だと考えた。はじめにリハビリテーションプログラムにアーチェリー、車いすポロ、車いすバスケットボール、卓球などを導入し、その後、これら競技への取り組みが、リハビリテーション目的からレクリエーション、そして競技スポーツへと発展していった。1948年に病院内の車いす患者16人が参加して始まったアーチェリー大会が、1952年にオランダが参加したことにより国際大会へと発展し、「第1回国際ストーク・マンデビル大会」となった（笹川スポーツ財団2017）。この第1回大会が原点となって、後のパラリンピックへと発展していった。

写真1　海外の障がい者スポーツの陸上大会

(筆者撮影)

（2）日本の障がい者スポーツの変遷

　1964年パラリンピック・東京大会を契機に、我が国の身体障がい者スポーツの普及・振興を図る統括組織として、「財団法人日本身体障害者スポーツ協会」が設立された。協会の設立後、全国大会の開催、各地方での大会が積極的に開催されるようになり、障がい者スポーツの振興が推し進められた。そして1975年の日本車いすバスケットボール連盟以降、競技別の障がい者スポーツ団体が設立されるようになった（日本障がい者スポーツ協会2020）。

　1998年冬季パラリンピック・長野大会後には、身体障がいに限らず、知的障がいと精神障がいを含めた3障がいのスポーツ振興と国際的に活躍できる選

手の育成・強化を目的に、財団法人日本身体障害者スポーツ協会は「**財団法人日本障害者スポーツ協会（現・公益財団法人日本障がい者スポーツ協会）**」へと名称変更し、協会内に日本パラリンピック委員会を設置した。競技力の向上も目標の一つとなり、海外の大会への選手派遣やタレント発掘・選手育成にも積極的に取り組んでいる。

（3）障がい者スポーツの所管とスポーツに関する法律

1）障がい者スポーツの所管省庁

　リハビリテーションとして発展してきた障がい者スポーツに関する施策は、長年厚生労働省の所管であったが、障がい者スポーツの目的がリハビリテーションから生涯スポーツ、そして競技スポーツへと多様化してきたことを受けて、障がい者スポーツを福祉の観点だけではなく、スポーツ振興の観点からも推進していく必要性が高まってきた。そして、2014 年度よりアスリートへの支援やスポーツ振興の観点から行う障がい者スポーツに関する事業は、厚生労働省から文部科学省に移管された。ただし、障がい者の社会参加、生活の質の向上、リハビリテーションの一環として行う事業については引き続き厚生労働省が所管している。その後、2015 年には文部科学省の外局としてスポーツ庁が設置され、障がい者スポーツを取り巻く施策は「スポーツ基本法」「スポーツ基本計画」などに代表されるように大きな変化を遂げている。

図表 12-1　2011年以降の障がい者スポーツに影響を与えた主な出来事

年	主な出来事
2011	スポーツ基本法の公布・施行
2012	スポーツ基本計画の策定
2013	2020 年東京オリンピック・パラリンピック競技大会の招致決定
2014	障がい者スポーツの一部の事業を厚生労働省から文部科学省へ移管
2015	スポーツ庁の設置
2017	第 2 期スポーツ基本計画の策定

2）スポーツ基本法と基本計画

　スポーツ基本法第 2 条 5 において、「スポーツは、障害者が自主的かつ積極的にスポーツを行うことができるよう、障害の種類及び程度に応じ必要な配慮をしつつ推進されなければならない」と初めて障がい者のスポーツについて言及された（文部科学省 2011）。

　スポーツ基本計画（2012 年）は、多数の障がい者スポーツ振興の施策の実行へとつながった。そして、2017 年に策定された第 2 期スポーツ基本計画は、2017 〜 2021 年の 5 年間において日本がスポーツ立国の実現を目指す上での重要な指針となっている（スポーツ庁 2017）。**図表 12-2** は、日本が 2021 年までの達成を目指す 4 つの政策目標で、障がい者のスポーツ参加やパラリンピックについても明確に記述されている。

図表 12-2　第 2 期スポーツ基本計画の 4 つの政策目標

政策目標番号	目標内容
1	ライフステージに応じたスポーツ活動の推進とその環境整備を行う。その結果として、成人のスポーツ実施率を週 1 回以上が 65％程度（障害者は 40％程度）、週 3 回以上が 30％程度（障害者は 20％程度）となることを目指す。
2	社会の課題解決にスポーツを通じたアプローチが有効であることを踏まえ、スポーツを通じた共生社会等の実現、経済・地域の活性化、国際貢献に積極的に取り組む。
3	国際競技大会等において優れた成績を挙げる競技数が増加するよう、各中央競技団体が行う競技力強化を支援する。日本オリンピック委員会（JOC）及び日本パラリンピック委員会（JPC）の設定したメダル獲得目標を踏まえつつ、我が国のトップアスリートが、オリンピック・パラリンピックにおいて過去最高の金メダル数を獲得する等優秀な成績を収めることができるよう支援する。
4	2020 年東京オリンピック・パラリンピック競技大会に向けて、クリーンでフェアなスポーツ（スポーツ・インテグリティ）の推進に一体的に取り組むことを通じて、スポーツの価値の一層の向上を目指す。

▶ 出典：スポーツ庁「第 2 期スポーツ基本計画概要」を参考に筆者修正

▓ 12 － 3　障がい者スポーツの現状

（1）生涯スポーツ

１）障がい者のスポーツ実施率と種目

　障がい者のスポーツ実施状況は、19 歳以下で週に 1 日以上スポーツを行っている人は 30.4％、成人は 25.3％で、いずれも障がいのない人の実施率（53.6％）より低い（スポーツ庁 2020、**図表 12-3** 参照）。一方で、スポーツ・レクリエーションを実施していない人には、そもそもスポーツに関心を持っていない、無関心層の割合が高いといわれている。スポーツ庁は無関心層の参加を促進し、週 1 日以上のスポーツ実施率の向上を目標に、障がいのある子どもたちのスポーツ環境や身近な場所でスポーツを実施できる環境の整備に向けて、「Special プロジェクト 2020」「障害者スポーツ推進プロジェクト」などの各種施策を打ち出している。

図表 12-3　障がい者のスポーツ実施率

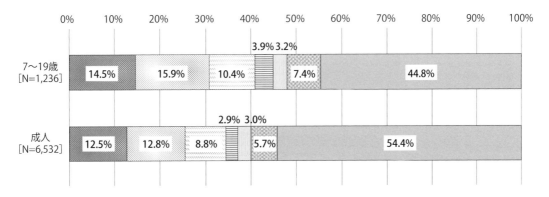

▶ 出典：スポーツ庁 2020

　図表 12-4 は、障がい種別の週に 1 日以上スポーツを行った人の割合である。7 〜 19 歳では、「肢体不自由（車いす不要）」と「精神障がい」の実施率は、他の障がい種より低いことがわかる。また、成人の障がい種別の実施率は、「肢

体不自由（車いす不要）」と「精神障がい」を除いた障がい種で7～19歳の実施率より低い。これは、中学・高校を卒業することで、それまで部活動などで取り組んできた運動・スポーツの機会が減少することが要因の一つである。また、障がいのある人が行うスポーツ・レクリエーションは、「ウォーキング」「散歩（ぶらぶら歩き）」「体操（軽い体操、ラジオ体操など）」「階段昇降」で、これらは全ての障がい種で同じ傾向である（スポーツ庁 2020）。

図表 12-4　週1日以上のスポーツ・レクリエーション実施率（障がい種別）

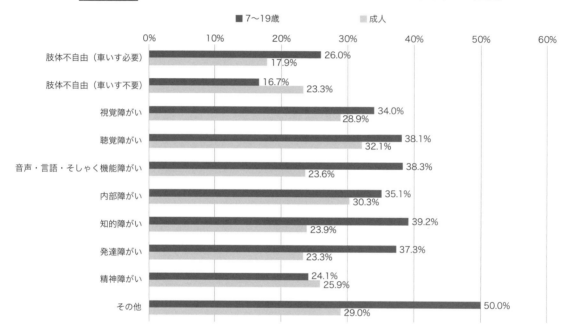

▶ 出典：スポーツ庁 2020 を参考に筆者作成

２）スポーツ施設と障がい者の利用

パラリンピックが開催された1964年頃の日本の公共スポーツ施設は障がい者の利用を想定して建設されていなかったため、障がい者が日常的に気軽に利用できるスポーツ施設は限られていた。まず日本で初めての障がい者のための公共スポーツ施設として大阪市の「長居障がい者スポーツセンター」が1974年5月に開館した。その後、同様のスポーツ施設が相次いで建設され、2020年1月時点では、全国に26施設となっている（日本障がい者スポーツ協会 2020）。

ただ、必ずしも全ての都道府県にこのような施設が設置されているわけでは

ない。日本の障がい者のスポーツ環境は 2020 年東京オリンピック・パラリンピック競技大会を追い風に大きく発展途上にあり、センターの活用に加え、今後はより一層障がい者が一般公共スポーツ施設を安心、安全、快適に利用できる将来が期待される。

3）障がい者スポーツ指導員

　障がい者スポーツ指導者資格は、日本国内の障がい者スポーツの普及と発展を目的に日本障がい者スポーツ協会が公認する資格制度である。初級・中級・上級障がい者スポーツ指導員のほか、スポーツトレーナー、スポーツコーチ、スポーツ医があり、障がい者スポーツ指導員講習会は各地域で開催されている。近年では所定の科目を履修することで初級・中級指導員の資格を取得できる大学も増えている。障がい者に対して、身体を動かすことの楽しさや大切さ、安全に運動・スポーツに参加するにあたって必要な知識や技術を指導する上で非常に重要な資格である。

4）全国障害者スポーツ大会

　「全国障害者スポーツ大会」は、全国身体障害者スポーツ大会（1965 〜 2000 年）と全国知的障害者スポーツ大会（「ゆうあいピック」1992 〜 2000 年）が統合され、2001 年から開催されている国内最大規模の障がい者スポーツ大会である。2001 年からは、国民体育大会終了後に同じ開催地で行われている。参加対象は身体障がい・知的障がい・精神障がいなどがあり、参加資格は、都道府県や指定都市から選考された 13 歳以上の選手で、2021 年 1 月現在、6 個人競技と 7 団体競技が正式競技として実施されている。また、障がい者スポーツの普及の観点から有効と認められる競技をオープン競技として開催県が決定し、実施している。2018 年に福井県で開催された「福井しあわせ元気大会」では、オープン競技として卓球バレー、車いすテニス、ゲートボールの 3 競技が採用された。

（2）競技スポーツ

1）パラリンピック

　障がい者の国際スポーツ大会として一般的に広く周知されている大会は、パラリンピック競技大会である。従来のパラリンピックという言葉は、**パラプレ**

ジア（対麻痺者）のオリンピックという意味で使われていたが、出場可能な障がいが車いす使用者から幅広い障がい種に広まったことを受けて、Para（沿う、並行）＋ Olympic（オリンピック）という解釈で、「パラリンピック」が正式名称として定められることになった。

　1960 年オリンピック・ローマ大会後に、第 9 回国際ストーク・マンデビル大会（後にこれが第 1 回パラリンピック競技大会となる）が開催された。1964 年オリンピック・東京大会の後には、後に第 2 回パラリンピック競技大会と呼ばれる国際ストーク・マンデビル競技大会を第 1 部、そして全ての身体障がい者と西ドイツの招待選手による国内大会を第 2 部として、2 部制で開催された。

　1964 年の東京大会以降、必ずしもオリンピックと同じ都市でパラリンピックが開催されたわけではなく、同都市での開催は 1988 年のソウル大会からである。2000 年パラリンピック・シドニー大会において、国際オリンピック委員会（IOC）と**国際パラリンピック委員会（IPC）**が「オリンピック開催国は、オリンピック終了後にパラリンピックを開催する」などの基本事項に合意し、IOC と IPC の関係はより強固なものとなった（東京都オリンピック・パラリンピック準備局 2020）。

図表 12-5　パラリンピック夏季大会

回	開催年	開催都市	参加国・地域	参加人数（人）
1 回	1960	ローマ（日本不参加）	23	400
2 回	1964	東京	21	378
3 回	1968	テルアビブ	29	750
4 回	1972	ハイデルベルグ	43	984
5 回	1976	トロント	40	1,657
6 回	1980	アーネム（アルヘルム）	42	1,973
7 回	1984	ニューヨーク ストーク・マンデビル	54	2,102
8 回	1988	ソウル	61	3,057
9 回	1992	バルセロナ	83	3,001
10 回	1996	アトランタ	104	3,259
11 回	2000	シドニー	122	3,881
12 回	2004	アテネ	135	3,808
13 回	2008	北京	146	3,951
14 回	2012	ロンドン	164	4,237
15 回	2016	リオデジャネイロ	159	4,333

▶ 出典：日本パラリンピック委員会 HP

①パラリンピックの価値

　IPC は、パラリンピアンたちに秘められた力こそが、パラリンピックの象徴であるとし、「**勇気：マイナスの感情に向き合い、乗り越えようと思う精神力**」「**強い意志：困難があっても、諦めず限界を突破しようとする力**」「**インスピレーション：人の心を揺さぶり、駆り立てる力**」「**公平：多様性を認め、創意工夫をすれば、誰もが同じスタートラインに立てることを気づかせる力**」の4つの価値を重視している（日本パラリンピック委員会 n.d.）。

②出場対象となる障がいとクラス分け

　パラリンピックは障がいのある選手全員が出場できるとは限らず、2021 年 1 月現在、主に肢体不自由、視覚障がい、知的障がいの選手が対象である。障がい種別や程度によって参加できる競技や種目が決まっており、それも常に見直しが行われている。

　同じ障がい種の選手でも障がいの程度は人によって異なるため、それらが競技結果に影響を与えることを避ける必要がある。そこで、パラリンピックでは公平に競技を実施するため、同程度の障がいでグループ分けを行う「クラス分け（Classification：クラシフィケーション）」という制度が存在する。選手のクラスは、必要な知識・技術を学び、資格を持った「クラス分け委員

図表 12-6　パラリンピック冬季大会

回	開催年	開催都市	参加国・地域	参加人数（人）
1 回	1976	エンシェルツヴィーク（日本不参加）	16	53
2 回	1980	ヤイロ	18	299
3 回	1984	インスブルック	21	419
4 回	1988	インスブルック	22	377
5 回	1992	ティーニュ／アルベールビル	24	365
6 回	1994	リレハンメル	31	471
7 回	1998	長野	31	571
8 回	2002	ソルトレーク	36	416
9 回	2006	トリノ	38	474
10 回	2010	バンクーバー	44	502
11 回	2014	ソチ	45	547
12 回	2018	平昌	49	567

▶ 出典：日本パラリンピック委員会 HP

写真2　2016年パラリンピック・リオデジャネイロ大会の陸上4×100m
リレー（切断などT42-47）で日本が銅メダルを獲得

Ⓒエックスワン

（Classifier：クラシファイヤー）」が、選手の身体機能評価、技術評価、競技
観察を行って判定する。

2）その他の国際大会

　聴覚に障がいがある人の国際スポーツ大会として、4年に一度の開催の「**デ
フリンピック（夏季・冬季）**」がある。国際ろう者スポーツ委員会が主催し、第
1回夏季大会は1924年と、パラリンピックよりも古い歴史を持つ。大会の競
技種目は基本的にオリンピックと同じルールで実施されるが、聴覚障がいの選
手のために視覚的保障がなされた環境（水泳競技のスターターの音はフラッ
シュランプを使用するなど）を提供するといった特徴がある。

　視覚障がいがある人のスポーツイベントとして、ブラインドサッカー、ゴー
ルボールなどの団体球技のほか、盲人マラソン、水泳、自転車、トライアスロ
ンなどの個人種目のイベントがある。個人種目は視覚障がいの程度によって一
人で参加したり、または伴走者と一緒に参加する。茨城県かすみがうら市で
開催される「かすみがうらマラソン兼国際ブラインドマラソン」は第5回大会
（1995年）から盲人マラソン大会を併催しており、視覚障がい者が安心して参
加できるよう大会事務局が伴走ボランティアバンク制度を設置するなどして伴
走者の確保に努めている。

　義足や義手を使う切断者の方のスポーツも多岐にわたる。そのうちの一つ、**「アンプティサッカー」**はリハビリテーション目的で使用するクラッチ※で競技を行うため、手足に障がいがある方も気軽に楽しめる競技である。国内では歴史はまだ浅いが、2010 年にアルゼンチンで開催されたワールドカップへ出場以降、競技普及・強化のため「日本アンプティサッカー選手権大会」や「レオピン杯 Copa Amputee」等も開催されるようになった。競技人口が比較的少ないこれら競技の大会・イベントの開催にあたっては、ボランティアの存在は欠かせない。

　「アジアパラ競技大会」は、アジア地域におけるパラリンピックの価値の推進と競技スポーツの更なる発展を図るために開催する、アジア地域の障がい者の総合スポーツ大会である。4 年に一度、アジア競技大会（アジアオリンピック評議会が主催）の開催都市で、国際パラリンピック委員会（IPC）の地域委員会であるアジアパラリンピック委員会（APC）が主催する。また、APC は若い世代（ユース）の国際競技大会「アジアユースパラ競技大会」も主催する。ユース世代の選手にとっては国際競技経験を積む貴重な大会であり、パラリンピックへの登竜門として位置付けられている。

　「スペシャルオリンピックス世界大会」は 4 年に一度行われる、知的障がいのある人のスポーツの世界大会（夏季・冬季）である。オリンピック種目に準じた様々な競技で構成されるスペシャルオリンピックスは、知的障がいのある人の自立や社会参加を目的として、日常的なスポーツトレーニング参加の成果を発表する場（競技会）として開催されている。大会では順位は決定されるものの最後まで競技をやり遂げた選手全員が表彰されるといった特徴がある。

3）ナショナルトレーニングセンター

　「味の素ナショナルトレーニングセンター」には、オリンピック競技とパラリンピック競技の更なる共同利用化を図るために、障がい者アスリートが優先的に利用できる「屋内トレーニングセンター・イースト」が 2019 年 6 月に竣工した。2020 年東京パラリンピック競技大会に向けて練習場所の確保に苦労していた障がい者アスリートにとって、大会に向けて効率的なトレーニングを行う上で非常に重要な施設となっている。

※ クラッチ：クラッチ（crutch）は直訳すると「松葉杖」だが、アンプティサッカーでも使われる
　「ロフストランドクラッチ」は、腕を通す「輪（カフ）」と握り手がついた、腕に装着する型の杖。

▦ 12 − 4　障がい者スポーツイベント実施の留意点

　障がいの種類・程度、発症年齢によって、障がい者の運動・スポーツの能力やニーズは異なる。したがって、イベント主催者、ボランティア、指導者等は、参加者の個別の特徴（障がい種と程度）を把握、理解し、発生し得る事故やケガのリスク、それらへの対処方法も含めて、障がい者が安心してスポーツに参加できるよう配慮しながら柔軟かつ臨機応変に対応していくことが求められる。例えば、熱がこもりやすい、体温調節が難しいなどの特性がある障がいもあり、一般的な判断基準ではリスクを見逃す危険が高い。障がい者スポーツイベントの企画・開催にあたっては、企画の段階から障がい当事者や都道府県障がい者スポーツ協会などの団体に参画・助言してもらうことで円滑な運営につながる。

　障がい者の安心・安全な参加を左右する要因を次に例示する。

・審判・スタッフへの障がい特性に関する教育
・障がい特性に応じて競技種目に不可欠な用器具の手配
・視覚障がい、聴覚障がい、重度障がい等の情報の取得が困難な参加者への対応
・定期的な給食・給水時間と場所
・介助者・ボランティア（案内、競技補助、手話通訳・筆記、看護など）の確保
・鉄道駅や空港と会場間の輸送、会場内の導線の確保
・休憩・待機用の椅子とスペース
・宿舎、更衣室・トイレ、駐車場のバリアフリー
・医療救護とメディカルチェック（服用薬物と禁止薬物のチェック含む）

▦ 12 − 5　障がい者スポーツ環境の更なる整備と発展

2020 年東京オリンピック・パラリンピック競技大会開催の決定を契機に、我が国でもパラリンピックアスリートの競技環境の整備、および生涯スポーツとして地域の障がい者のスポーツ参加を支える仕組みづくりが推し進められることとなった。今後はスポーツ大会・イベント・教室・スポーツ施設の利用等において、障がい者が「当たり前」のように受け入れられる土壌と文化がつくられることが望ましい。

障がいがある人にとっての運動・スポーツへの参加目的は、健康の維持・向上、社会参加・交流、競技力向上などその人の状況によって様々であるが、どのような目的・理由にしろ、運動・スポーツそのものを好きになり、障がいがあっても運動ができる物理的・社会的環境が整うことが望ましい。身近な地域で日常的に運動・スポーツを楽しめるよう、障がい当事者を取り巻く環境にいる人々のより一層の理解・協力が不可欠であろう。

写真3 　車いすバスケットボール大会

（筆者撮影）

≫ ユニバーサルスポーツ

▦ 12－6　誰もが楽しめるスポーツと共生社会への参画

　今、私たち一人ひとりの、誰もが生涯にわたり、ともにスポーツに親しみ健康的な生活を送ることができる社会の実現が求められている。オリンピックやパラリンピックに象徴される身体的な卓越性と競技性が色濃く見えるスポーツのそばで、運動が得意でない人、体力がない人、更には身体的な不便さのある人など、これまで十分にスポーツに親しむことができなかった人たちがいる。このような人たちの体力や身体能力などに応じ、誰もがスポーツに参加（Sports for all）できる具体的な取り組みが望まれている。

　ユニバーサルスポーツは、障がい者スポーツをはじめ従来のスポーツを障がいの有無、年齢、性別、国籍等を問わず、「誰もが参加可能なスポーツ」として考案され、そこに集う全員が分け隔てなく一緒にプレーすることができるスポーツを指す。このスポーツに参加することで、多様な属性を持つ人たちと自然な形で対等にプレーを楽しむこと（共楽の理念）ができ、かつ体験的に相互理解を図ることが可能となる。

　ユニバーサルスポーツへの取り組みは、社会を構成する多様な人たちと、スポーツを通して交流し、相互に認め合い、理解や尊重を促すといった、スポーツを通した共生社会の実現を目指すものである。

▦ 12－7　誰もが一緒にできるスポーツ

（1）人に合わせたスポーツ

　障がいのある人や高齢者、妊婦など、従来のスポーツのルールや使用用具などがバリア（障壁）となりプレーが困難である場合、対象者（プレーヤー）の特性や身体状況に応じて、ルール変更や用具の使用・改造、更には新たに創造・開発し、その人（対象者）に合わせた（適応させた）スポーツを創り出してきた。これらを**アダプテッド・スポーツ（adapted sports）**と称する。これにはボッチャやシッティングバレーボールといった障がい者スポーツの競技種目などが当てはまる。高齢者に人気のあるグラウンドゴルフやソフトバレーボールなど

のニュースポーツの一部もこれに含まれる。アダプテッド・スポーツは、プレーヤーズファーストを念頭にした適合原理のスポーツであり、これまでスポーツへの関わりが薄かった人たちへの興味・関心の向上と参加を促進し、より多くの、多様な人たちにスポーツ実施の裾野を広げることが可能となる。

図表 12-7　アダプテッド・スポーツ

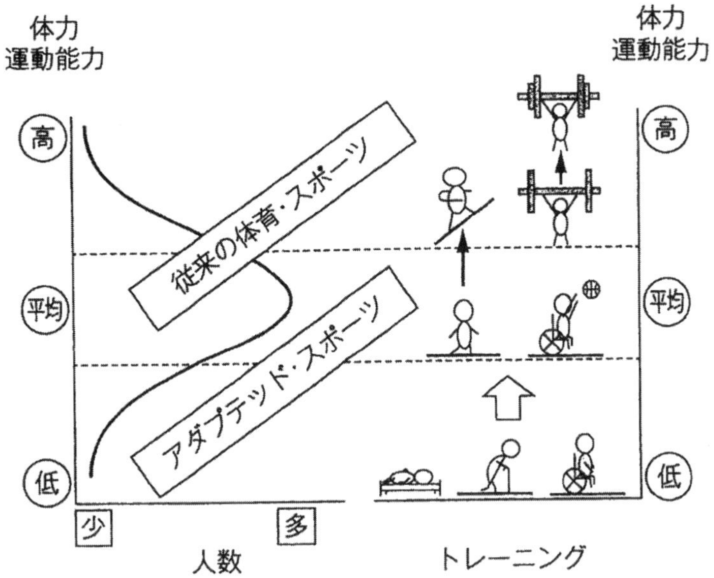

▶ 出典：日本アダプテッド体育・スポーツ学会 n.d.

（2）ユニバーサルデザインのスポーツ

ユニバーサル（universal）とは、①一般的であるさま、全てに共通であるさま、普遍的、万人（共通）の、全員の、世間一般の、②自在の（形容詞）、③世界共通、万有、万能、普遍、世界的な範囲または適用性の、④様々な目的、サイズ、形、活動に適していること、⑤グループや集合のメンバー全てに当てはまる、あるいは共通している、などと辞書に記述されている。

ユニバーサルスポーツは、誰も（みんな）が、一緒にプレー（参加）することができるような工夫を促したスポーツである。これは、「万人にとってよいものを」とした**ユニバーサルデザイン（universal design：UD）**の考え方をスポーツに適用した試みであり、「ユニバーサルデザインされたスポーツ」（西山2001）である。

1）ユニバーサルデザインとは

　ユニバーサルデザインは、バリアフリーの概念とは異なり、年齢や能力、状況などにかかわらず誰もが利用可能となるようデザイン化することである。この概念は、米国ノースカロライナ州立大学・ユニバーサルデザインセンターのロナルド・メイスによって提唱され、①どんな人でも公平に使えること、②使う上で自由度が高いこと、③使い方が簡単かつすぐに理解できること、④必要な情報がすぐにわかること、⑤うっかりミスが危険につながらないこと、⑥身体への負担が少ないこと、⑦利便性のよい大きさと空間であることの7つの基本原則がある。これは、単にモノのデザインのみでなく、より多くの人々が気持ちよく使えるように配慮して計画するプロセスでもある。

2）ユニバーサルスポーツの定義

　藤田（2008）は、ユニバーサルスポーツを「障がいの有無に関係なく、一緒に実践できるスポーツ。また、体力、体格などで有利な人だけがゲームの主導権を握り活躍するのではなく、それらに劣る人も同じように得点獲得や勝敗にかかわることができるよう考案され、構造化されたスポーツ」と定義している。更にユニバーサルデザインの基本原則を適応させ、次の4つの特徴を挙げている（藤田 2020）。

> ①ルールに柔軟性があり、様々な人の参加が可能であること
> ②勝ち負けのあるスポーツの場合、誰にでも勝つチャンスがあること
> ③ルールがシンプルで誰もが理解しやすいこと
> ④身体的な負担が少なく、安全性が確保されていること

　また、ユニバーサルイベント協会（2007）では、「男女の性別、年齢、身体的な特徴やその能力、運動レベルなどにかかわりなく、すべての人に開かれたスポーツ」をユニバーサルスポーツとし、障がいのある人もない人もともにできるスポーツであり、競技性の強い元気で若い人中心の一般的なスポーツやパラリンピックを代表とした障がい者スポーツの中間に位置し、スポーツが得意な人も不得意な人も一緒にできるレクリエーション活動でありコミュニケーションを目的としたものまで含まれるとした概念を明示している（**図表 12-8**参照）。

図表 12-8　ユニバーサルスポーツの基本的な考え方

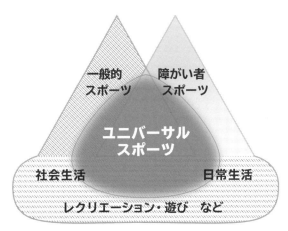

▶ 出典：ユニバーサルイベント協会 HP より加工修正

3）ユニバーサルスポーツへの工夫

　スポーツは平等・対等な競争が楽しみの一つであるが、これらを保障するための区分（障がいの有無や性別、年齢や体力、技術レベルなど）を可能な限り排除する工夫が求められる。これまでも競技レベルごとのクラス分けやハンディキャップ制、更にはローカルルールを取り入れるなど様々な工夫が行われてきた。しかしながら、誰もが一緒にプレーし、同じ楽しみ方を同等に共有するにはどうしても限界が生じてしまう。ユニバーサルスポーツといえども参加者全員のスポーツニーズに対応できるわけではなく、参加者の特性やそのニーズが多様であればあるほど難しくなってくるという特性もある。大切なことは、そこに集う参加者の多様な特性とニーズをともに受容し、ベストプラクティスを求めていこうとする姿勢であろう。ユニバーサルスポーツと称した大会の現場では、様々に工夫された取り組みが実践されてきた（柴田ら 2015）。これまでの事例を参考にしつつ、ともに創っていくことを心がけたい。

（3）ユニバーサルなスポーツイベントの開催

　2020 東京オリンピック・パラリンピック競技大会の開催に向け、共生社会の実現を加速させるために 2017 年に策定された「ユニバーサルデザイン 2020 行動計画（内閣府）」では、障がいのある人とない人がともに参加できる

スポーツイベント等の開催や、障がいのある人のスポーツイベントと障がいのない人のスポーツ大会の融合を推進するなどにより、スポーツを通じて心のバリアフリーの普及を図ることをうたっている。

　障がいのある人とない人が一緒に参加するスポーツイベントの調査報告（笹川スポーツ財団 2018）の中で、障がいの種類と程度などによっては一緒にスポーツを行うことが難しく、特に重度障がいや重複障がいがある人と障がいのない人が、どの競技種目でも一緒に行うというのは現実的ではないとしながらも、競技レベルに応じたクラス分けや参加者のカテゴリー属性に応じた配慮などにより、一緒にスポーツをすることができる競技種目が報告されている。また、そのイベント開催状況と運営体制の実態から、①一般のスポーツイベントに特別な配慮なしに障がいのある人が参加するケース（東京 CUP 卓球大会など）、②一般のスポーツイベントに障がい者部門を設置したケース（福岡マラソンなど）、③障がい者のスポーツイベントに障がいのない人が参加するケース（全国ユニファイドサッカー大会など）の 3 つの形態に大別されるという。

　今日、このようなスポーツイベントが全国各地で開催されてはいるが、ユニバーサルスポーツイベントとしての認知度は低く関心も薄い。実際に、障がい者や低体力の人の一般のスポーツイベントへの参加はいまだハードルが高く、障がい者のイベントへの一般の参加は更になじみがないのが現状であろう。既存スポーツイベントでは、誰もが参加可能であることがわかる企画内容と運営のユニバーサルデザイン化、一見してわかりやすいイベント名や部門のネーミングなどの工夫、更には、スポーツに関心のない障がい者が介助者とともに気軽に参加できるような大会の開催など、今後の課題は多い。

▓ 12 - 8　古くて新しいマインドスポーツとe スポーツの可能性

　スポーツは、身体活動を伴う運動競技という考え方が一般的に定着しているが、チェスや囲碁などのボードゲーム、トランプやかるたなどのカードゲームのように、記憶力や判断力などの思考能力を用いて行われる**マインドスポーツ（Mind Sports：頭脳スポーツ）**と呼ばれる競技がある。マインドスポーツの歴史は古いが、1997 年に英国でマインドスポーツの総合競技大会（マインドスポーツオリンピアード）が実施され、2008 年には IOC（国際オリンピック委員会）承認のワールドマインドスポーツゲームズが開催されるなど、

世界規模でマインドスポーツのイベントが行われている。更に、このジャンルに、コンピュータゲームから派生した e スポーツ（esports：エレクトロニック・スポーツ）が新たに加わり、思考能力で競う古くて新しいスポーツがユニバーサルスポーツの奥行きを広げる。

　国立病院機構八雲病院では、筋ジストロフィー症の患者のリハビリとして e スポーツを取り入れている。同病院の作業療法士は、「患者はリアルな世界では勝てなくても、ゲームだと勝てる。『ゲームに救われた』と話す」と語り、2020 年 4 月には、誰もが e スポーツへ参加できるよう支援を行う団体を立ち上げた（朝日新聞 2020）。このように、手の指一本のみ動かすことが可能な患者が病院外の相手と対等に対戦を楽しむなど、e スポーツは「誰もが、どこにいても、参加できる」ため、障がいの有無、性別、体格、年齢、国籍を問わずに競技できるという特徴がある。オンライン上で参加できる e スポーツは、様々に議論され課題はあるが、ユニバーサルスポーツとしてプレーを楽しめる、新たな文化的空間として共生社会構築を可能にするものといえよう。

. . . .

■ 引用・参考文献一覧 ■

- 全日本ろうあ連盟スポーツ委員会 HP「デフリンピック紹介パンフレット」2018 年
  https://www.jfd.or.jp/sc/files/deaflympics/deaflympics2018.pdf　2021 年 1 月現在
- 笹川スポーツ財団「諸外国における障害者のスポーツ環境に関する調査［イギリス、カナダ、オーストラリア］報告書」2017 年
  https://www.ssf.or.jp/Portals/0/resources/research/report/pdf/2017_report_38.pdf
  2021 年 1 月現在
- スポーツ庁 HP「第2期スポーツ基本計画 概要」
  https://www.mext.go.jp/sports/content/1383656_001.pdf　2021 年 1 月現在
- リベルタス・コンサルティング「スポーツ庁委託調査『障害者スポーツ推進プロジェクト（障害者のスポーツ参加促進に関する調査研究）』報告書」2020 年
  https://www.mext.go.jp/sports/content/20200519-spt_kensport01-300001071-1.pdf
  2021 年 1 月現在
- 東京都オリンピック・パラリンピック準備局「令和元年度 国際的な障害者スポーツ大会に係る調査 調査結果報告書（概要版）」2020 年
  https://www.sports-tokyo-info.metro.tokyo.lg.jp/seisaku/details/pdf/sportsgames_survey-01.pdf　2021 年 1 月現在
- 内閣府「令和元年度障害者白書」2019 年
  https://www8.cao.go.jp/shougai/whitepaper/r01hakusho/zenbun/index-pdf.html
  2021 年 1 月現在
- 日本障がい者スポーツ協会「障がい者スポーツの歴史と現状」2020 年
  https://www.jsad.or.jp/about/pdf/jsad_ss_2020_web0130.pdf　2021 年 1 月現在
- 日本障がい者スポーツ協会 HP（いずれも 2021 年 1 月現在）
  「障がい者スポーツ振興」
  https://www.jsad.or.jp/promotion/promotion_zenspo_outline.html
  「公認障がい者スポーツ指導者」
  https://www.jsad.or.jp/leader/index.html
- 日本パラリンピック委員会 HP「パラリンピックとは」
  https://www.jsad.or.jp/paralympic/what/chronology.html　2021 年 1 月現在
- 藤田紀昭 "障害者スポーツの過去、現在、未来"「生涯発達学研究」第 7 号 2015 年
- 文部科学省 HP「スポーツ基本計画」
  https://www.mext.go.jp/component/a_menu/sports/detail/__icsFiles/afieldfile/2012/04/02/1319359_3_1.pdf　2021 年 1 月現在
- 西山哲郎 "差異を乗り越えるものとしてのスポーツ：スポーツにおける文化帝国主義とグローバル文化の可能性"「スポーツ社会学研究」第 9 巻 2001 年
- 藤田紀昭『障害者スポーツの世界：アダプテッド・スポーツとは何か』角川学芸出版 2008 年
- 藤田紀昭 "ユニバーサルスポーツとは何か"「ユニバーサルスポーツの普及に関する調査研究 2019 年度報告書」公益財団法人国際障害者年記念ナイスハート基金
- 松本耕二「健康・運動・スポーツ指導論：ユニバーサルな運動・スポーツ指導」日本健康スポーツ連盟 監修 山羽教文・長ケ原誠 編著『健康スポーツ学概論：プロモーション , ジェロントロジー , コーチング』杏林書院 2013 年
- 笹川スポーツ財団「スポーツ庁委託調査『地域における障害者スポーツ普及促進事業（障害者のスポーツ参加促進に関する調査研究）』報告書」2020 年
  https://www.mext.go.jp/prev_sports/comp/a_menu/sports/micro_detail/__icsFiles/afieldfile/2018/05/16/1404475.pdf　2021 年 1 月現在
- 佐藤紀子 "わが国における「アダプテッド・スポーツ」の定義と障害者スポーツをめぐる言葉"「日本大学歯学部紀要」第 46 巻 2018 年
- 芝田徳造・正木健雄・久保健・加藤徹 編『すべての人が輝くみんなのスポーツを：オリンピック・パラリンピックの壁を越えて』クリエイツかもがわ 2015 年
- ユニバーサルイベント協会 "みんなが一緒に参加できるユニバーサルスポーツの普及をめざして"「ユニバーサルスポーツ・コーディネーター養成講座」第 1 編
- 朝日新聞「e スポーツ、じわり浸透」2020 年 5 月 31 日
- ユニバーサル e スポーツネットワーク HP
  https://uniesnet.com/　2021 年 1 月現在
- ユニバーサルイベント協会 HP「ユニバーサルスポーツ」
  https://u-event.jp/activity/universal-sports/　2021 年 1 月現在

. . . .

▒▒▒ 13－1　スポーツボランティアの定義と類型化

（1）ボランティアとは

　「ボランティア」（volunteer）の語源は、ラテン語の voluntas（ウォランタス）であり、自由意志や自主性を意味している。ボランティアとは、「自発的（voluntary）に行為する人」という意味である。ボランティアという言葉は、英国で17世紀の初頭から「志願兵」という意味で使われはじめ、17世紀中頃から「自由意思に基づいて、自発的に奉仕活動をする人」という意味で使われるようになっている（山口2004）。

　ボランティア活動の基本的理念は、自発性、無償性、公共性に、先駆性と継続性を加えた5原則としている。

◆ボランティア活動の基本的理念5原則
1．自発性（自由意志に基づく活動）
2．無償性（無給の活動）
3．公共性（公益的活動）
4．先駆性（発展的活動）
5．継続性（一過性でない継続的活動）

（2）スポーツボランティアの定義

　スポーツボランティアの定義は、2つある。1つめは文部省（現・文部科学省）「スポーツにおけるボランティア活動の実態等に関する調査研究協力者会議」（2000）で、次のように定義されている。

> 　地域におけるスポーツクラブやスポーツ団体において、報酬を目的としないで、クラブ・団体の運営や指導活動を日常的に支えたり、また、国際競技大会や地域スポーツ大会などにおいて、専門的能力や時間などを進んで提供し、大会の運営を支える人のこと。

　2つめは、日本スポーツボランティア・アソシエーション（2004）の定義である。

> 　スポーツという文化の発展のために、金銭的報酬を期待することなく、自ら進んでスポーツ活動を支援する人（活動）のこと。

（3）スポーツボランティアの活動分類

　スポーツボランティアは、役割と活動の範囲から、日常的・定期的活動の「クラブ・団体ボランティア」、非日常的・不定期的活動の「イベントボランティア」、トップアスリートやプロスポーツ選手による「アスリートボランティア」の3つに分類できる（図表13-1 参照）。

　「クラブ・団体ボランティア」は、地域スポーツクラブやスポーツ団体におけるボランティアを指し、日常的で定期的な活動である。具体的には、地域のスポーツ少年団やママさんバレーなどで監督やコーチを務める「ボランティア指導者」や、監督やコーチが指導する際の指導アシスタントである。また、クラブや団体の役員や監事、練習時に給水などを担当する世話係、更に競技団体役員は「運営ボランティア」と位置付けられる。

　「イベントボランティア」は、地域における運動会、市民マラソン大会や各種競技大会、更には国民体育大会（国体）や国際大会を支える、非日常的で不定期な活動である。専門的な知識や技術が必要な「専門ボランティア」としては、審判員や通訳、医療救護員、データ処理、大会役員などが挙げられる。「一般ボランティア」には、誰もが参加できる受付や会場案内、給水・給食、記録・掲示、運搬・運転、そして選手の滞在・訪問を受け入れるホストファミリーなどがある。

図表 13-1　スポーツボランティアの活動分類（3分類）

クラブ・団体 ボランティア
（クラブ・スポーツ団体） <日常的・定期的活動>
ボランティア指導者 　監督・コーチ、指導アシスタントなど
運営ボランティア 　役員・監事、会計係、世話係、運搬・運転係、広報など

イベント ボランティア
（地域スポーツ大会、国際・全国スポーツ大会） <非日常的・不定期的活動>
専門ボランティア 　審判、通訳、医療救護、データ処理、大会役員など
一般ボランティア 　受付・案内、給水・給食、記録・掲示、運搬・運転、 　ホストファミリーなど

アスリート ボランティア
トップアスリート・プロスポーツ選手 （ジュニアの指導、施設訪問、地域イベントへの参加など）

▶ 出典：笹川スポーツ財団 2020

　「アスリートボランティア」は、現役・OB のプロスポーツ選手やトップアスリートが、オフシーズンに病院や福祉施設を訪ねたり、ジュニアのスポーツ指導や地域のイベントに参加する社会貢献活動である。プロ野球選手やプロサッカー選手の活動はもとより、多種目の元アスリートや現役アスリートが一般社団法人や NPO 法人などを組織し、活動するケースが最近増えている。

▦ 13 − 2　スポーツボランティアの現状

（1）スポーツボランティアの実施率・活動内容

　笹川スポーツ財団の全国調査（隔年実施）の結果によると、過去 1 年間に
スポーツボランティア活動を行ったことが「ある」と回答した者は、2018 年
調査は 6.7％であった。2010 年に過去最高の 8.4％となったが、調査開始の
1994 年から微増微減を繰り返しており、我が国のスポーツボランティアの実
施率は、7％前後で推移している（**図表 13-2** 参照）。

図表 13-2　スポーツボランティア実施率の年次推移

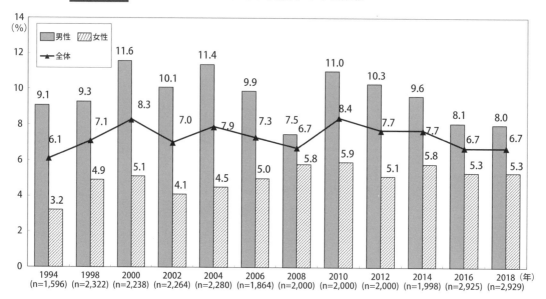

注：2014 年までは 20 歳以上、2016 年以降は 18 歳以上を調査対象としている。

▶ 出典：笹川スポーツ財団 2018

　スポーツボランティアの活動内容は、全体では『地域のスポーツイベント』
の「大会・イベントの運営や世話」が 35.8％と最も高く、次いで『日常的な活動』
の「団体・クラブの運営や世話」31.8％、「スポーツの指導」26.4％の順となる
（**図表 13-3** 参照）。性別では、男性が指導や審判、女性は運営や世話の実施率
が高い特徴が見られる。

図表 13-3　スポーツボランティアの実施内容（18 歳以上、複数回答）

スポーツボランティアの内容		全体（n=201）		男性（n=122）		女性（n=79）	
		実施率(%)	実施回数(回/年)	実施率(%)	実施回数(回/年)	実施率(%)	実施回数(回/年)
日常的な活動	スポーツの指導	26.4	43.3	34.4	42.4	13.9	46.7
	スポーツの審判	24.9	11.1	33.6	12.4	11.4	5.0
	団体・クラブの運営や世話	31.8	25.0	26.2	16.4	40.5	33.9
	スポーツ施設の管理の手伝い	7.5	13.4	9.0	18.0	5.1	2.0
地域のスポーツイベント	スポーツの審判	18.9	8.3	23.0	9.7	12.7	4.6
	大会・イベントの運営や世話	35.8	3.3	31.1	3.2	43.0	3.5
全国・国際的スポーツイベント	スポーツの審判	1.0	2.5	1.6	2.5	0.0	―
	大会・イベントの運営や世話	4.5	1.4	4.9	1.0	3.8	2.3

▶ 出典：笹川スポーツ財団 2018

（2）スポーツボランティアの実施希望率・活動希望内容

　今後、スポーツに関わるボランティア活動の実施希望率を実施率と比較すると、全体・性別・年代別のほぼ全てにおいて、実施率の倍以上の希望率となっている（**図表 13-4** 参照）。特に、18・19 歳、20 歳代の若者の希望率が高いのが特徴である。若年層の希望率の高さは、ラグビーワールドカップ 2019 日本大会、2020 年東京オリンピック・パラリンピック競技大会など、ビッグスポーツイベントが調査翌年以降に日本で開催される予定であったことがきっかけと推察される。

　スポーツボランティアの希望する活動は、男女ともに「地域のスポーツイベントの運営や世話」が最も高く、次いで男性では「日常的なスポーツの指導」、女性では「日常的な団体・クラブの運営や世話」である（**図表 13-5** 参照）。スポーツボランティアの活動内容は、日常的な指導や審判、クラブ運営の手伝いよりは、地域のスポーツイベントに参加する方が関わりやすいといえる。

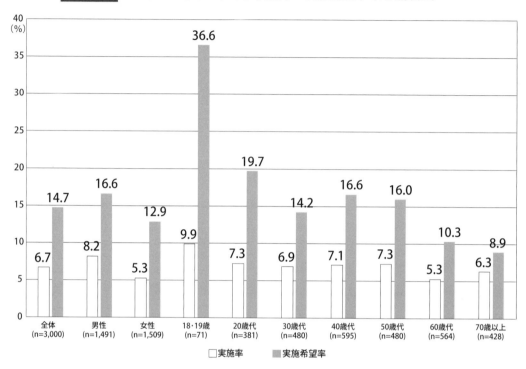

図表 13-4　スポーツボランティア実施率・実施希望率（18 歳以上）

▶ 出典：笹川スポーツ財団 2018 より筆者作成

図表 13-5　今後希望するスポーツボランティアの活動内容（18 歳以上、複数回答）

(%)

スポーツボランティアの活動内容	全体 (n=438)	男性 (n=246)	女性 (n=192)
地域のスポーツイベントの運営や世話	50.0	45.1	56.3
日常的な団体・クラブの運営や世話	26.7	22.0	32.8
日常的なスポーツの指導	22.1	31.3	10.4
全国・国際的なスポーツイベントの運営や世話	21.0	15.4	28.1
日常的なスポーツ施設の管理の手伝い	16.2	15.9	16.7
日常的なスポーツの審判	10.3	14.6	4.7
地域のスポーツイベントでの審判	9.6	12.6	5.7
スポーツ情報誌やホームページ作成の手伝い	5.5	6.9	3.6
全国・国際的なスポーツイベントでの審判	3.0	4.1	1.6

▶ 出典：笹川スポーツ財団 2018

⚏ 13 − 3　スポーツイベントでのボランティア

　図表 13-6 は国内における大規模スポーツイベントでのボランティア数である。我が国で初めて、スポーツイベントでボランティアを一般公募したのが、1985 年のユニバーシアード神戸大会といわれている。通訳以外のボランティアの一般公募に 8,300 人が参加し、一般公募でボランティアが集まることを証明したイベントといえる。その後は、スポーツイベントでのボランティアは一般公募が定着し、大小様々なスポーツイベントの運営を支える存在となっている。

　ちなみに、2007 年から始まった東京マラソンでは、1 万人以上のボランティアが毎年活動している。ボランティアの希望者が多く、以前は先着順、近年は抽選で決めている。東京マラソンは、ランナーとして当選するのも難しいが、実はボランティアとしても当選することが容易ではないイベントになっている。

図表 13-6　主な国内大規模スポーツイベントのボランティア数（概数）

年	大会名	人数
1985	第 13 回夏季ユニバーシアード（神戸）	8,300 人
1994	第 12 回アジア競技大会（広島）	延べ 18 万人
1995	第 18 回夏季ユニバーシアード（福岡）	12,500 人
1998	1998 年冬季オリンピック・長野大会	32,000 人
1998	かながわ・ゆめ国体	5,831 人
2002	2002 FIFA ワールドカップ・日韓大会	28,729 人
2004	日本スポーツマスターズ 2004 福島大会	1,200 人
2011	おいでませ！山口国体	8,525 人
2017	東京マラソン 2017	13,369 人
2019	ラグビーワールドカップ 2019 日本大会	13,000 人

▶ 出典：筆者作成 2020

▦ 13－4　スポーツイベントのボランティア運営

（1）イベントボランティア・運営ガイドブック

　近年、多くのスポーツイベントでボランティアが活躍しているが、運営者側を対象にしたボランティア活用研修や共通した運営マニュアルは、長らく未整備の状況にあったため、文部科学省は『スポーツボランティア・運営ガイドブック～スポーツイベントのボランティアを知る～』（2015）を刊行した。この冊子の内容は、発行元である笹川スポーツ財団のホームページ※で閲覧できることも併せて紹介しておく。主な内容は、募集から活動終了までのスポーツイベントでのボランティア運営の流れであり、ここでその概要を紹介する。

> STEP 1　募集前に準備すること
> STEP 2　募集の条件を明確にする
> STEP 3　募集の時期・方法を知っておく
> STEP 4　活動を始める前
> STEP 5　活動当日の流れ
> STEP 6　アフターケアを含めて活動終了

【STEP 1】募集前に準備すること
①主催者はイベントボランティアの募集を行う前に具体的な「活動場所」「活動内容」「ボランティアの配置」を検討し、必要とするボランティアの人数を算出する。
②1日の拘束時間が長い場合には、午前と午後の2交代制で募集することも視野に入れておく。

【STEP 2】募集の条件を明確にする
　イベントボランティア募集のチラシには、次の質問項目を設けておくと、ボランティアの配置を決めるときに参考になる。
①活動内容の希望
②活動希望時間（時間帯）

※ https://www.ssf.or.jp/thinktank/volunteer/2014_report24.html　2021 年 1 月現在

③スポーツイベントにおけるボランティア経験の有無
④免許・資格の取得内容

図表 13-7　イベントボランティア募集の条件例

ボランティアの活動内容	選手受付、荷物預かり・返却、給水・給食、コース整理
活動時間	7：00 〜 15：00（8 時間）
募集人数	100 人
参加条件（年齢）	15 歳以上（中学生、高校生は保護者の承諾が必要）
服装	動きやすい服装・運動靴、スタッフウェア・キャップは支給
持ち物	筆記用具・タオル・各自の飲物
交通費支給の有無 （ある場合の条件）	有（一律 1,000 円）
食事支給の有無 （ある場合の条件）	有（お弁当・お茶）

【STEP 3】募集の時期・方法を知っておく

①募集の時期

・イベントボランティア募集人数が 100 人未満の場合、「2 か月前に募集開始・1 か月前に締切り」といった例がよく見られるが、「1 か月前に募集開始・3 日前に締切り」など、直前まで募集している例もある。

・イベントボランティア募集人数が 100 人以上の場合、「半年前に募集開始・2 〜 3 か月前に締切り」が標準である。

・イベントの規模の大小にかかわらず「定員先着順」と明記し、早期申し込みを促す工夫も行われている。

・ボランティアの種類で締切日を変える場合もあり、「ボランティア希望者」は 2 か月前に締め切り、「リーダー希望者」は早めの 3 か月前に締め切ることもある。

②募集の方法

・イベント主催者の Web サイトでの告知

・関係者による口コミ

・地方公共団体の広報誌での告知

・Facebook や LINE などの SNS の活用

＜規模の小さなスポーツイベントの場合＞

・関連のある組織・団体の会員へメールで告知

・口コミで案内

・自治会の回覧板での案内

・地域のマスメディアの活用（地域の情報誌、ケーブルテレビ、コミュニティ FM など）

【STEP 4】活動を始める前

　イベントボランティア参加者が決定したら、活動場所（配置）など、主催者から事前に連絡する。マニュアルの事前配布や、可能であれば事前の活動説明会を開催する。

＜募集締切から当日まで期間が空く場合＞

　定期的に Facebook を更新、メールニュースを送るなど、ボランティア参加者の関心が薄れないように工夫する。

【STEP 5】活動当日の流れ

図表 13-8　活動当日の流れ

1	ボランティア受付	難しい活動ではないので、ボランティア（早く会場に来たボランティア、もしくは同イベントでのボランティア経験者）にボランティア受付をお願いすることも可能。
2	ボランティアミーティング	イベント主催者から、ボランティアに挨拶を行う。その後、活動の内容や注意点などを確認し、活動開始後の休憩や昼食などのタイミングを伝える。同じ場所で活動するボランティア同士の顔合わせ・自己紹介を行う。
3	活動の準備	ボランティアはリーダー等とともに活動場所に移動し、活動の準備を始める。

| 4 | 活動開始 | イベントがスタート。イベント開始後は、主催者やリーダーが活動中のボランティアの様子を確認し、困っていることがないか声掛けをするようにする。 |

| 5 | 活動終了・片付け | 活動終了後は、イベント主催者とボランティアの両者で片付けや活動場所のゴミ拾いを行う。 |

| 6 | ボランティアの解散 | イベント主催者から、当日のイベントの状況や結果について報告（参加者数、記録など）を行う。その際、必ずボランティアに感謝の意を表す。 |

　当日は、会場に到着したボランティアの受付から始める。

　その後、イベント主催者、もしくは活動場所のボランティアリーダーから、当日の活動内容や注意点を確認（ブリーフィング）し、ボランティア同士の顔合わせをする。

　続いて、活動場所に移動し準備を行い、活動を開始する。イベント開始後は、主催者やリーダーは、活動中のボランティアの様子を確認し、困っていないかの目配り・声掛けを心がける。ボランティアが決められた休憩をとっているか、昼食・水分摂取をしているかを確認する。

　活動終了後は、主催者もボランティアとともに、片付けやゴミ拾いを行い、解散時には、必ず主催者から感謝の意を述べる。

【STEP 6】アフターケアを含めて活動終了

①改めて感謝の意を表す：お礼のメール・感謝状・サンキューカードを送付する。

②参加したボランティアにアンケートを行う、反省会を開くなど、次回開催に向けての課題や改善点を把握する。

その他、ボランティアのリピーターを増やすための工夫として、次の4点がある。

1．ボランティア活動の経験を考慮した配置を考える
2．ボランティア活動終了後にミニ反省会と感謝の意を伝える
3．ボランティア活動時にポイントカードや活動手帳を活用する
4．申込用紙に次回案内のチェック欄を設ける

（2）東京マラソンのイベントボランティア事例

　2007年から始まった東京マラソンは、国内最大規模のシティマラソンで、例年約36,000人が参加する。部門は2つあり、19歳以上が参加可能な「マラソン（車いす含む）定員約37,000人」と、16歳以上が参加できる「10km（ジュニア、視覚障がい者、知的障がい者、移植者、車いす）定員500人」がある。2009年から賞金レースになり、2013年からワールドマラソンメジャーズに加入し、世界6大マラソンの一つに認定されている。

　東京マラソンでは、ボランティア活動を円滑に行えるよう、イベントボランティアを「メンバー」「リーダー」「リーダーサポート」の3つの役割に分け、組織化を図っている（**図表13-10**参照）。ボランティアは、年間を通して様々なミーティングや説明会に参加し、活動当日を迎える。

　メンバーとは、現場で「ランナーを支える」役割を担う。リーダーの役割は、メンバーを「とりまとめ支える」ことである。リーダーサポートとは、リーダーをサポートし、大会スタッフと現場を「つなぐ」役割を担う。なお、メンバーの中でも多言語対応メンバーは、海外からの外国人ランナーのサポートを行う。

　ボランティア活動の内容や配置場所、配置人数の例は**図表13-9**の通りである。東京マラソンの場合、活動ごとに詳細なボランティアマニュアルが用意され、メンバーはボランティア経験の多寡にかかわらず活動できるような支援体制をとっている。2020年の大会前には、ボランティア初心者向けの研修、ボランティア活動をより楽しむためのセミナーなどの講習会が催された。研修内容は、大会の概要やスポーツボランティア基礎知識についての講義・ワークのほか、「危機管理から見た健康管理」「LGBTQなどのセクシュアル・マイノリティに関する知識」「応急手当」など多岐にわたる講習であった。

図表 13-9　東京マラソン2017 のボランティア活動および配置人数

配置場所	活動場所	活動名	人数（人）
EXPO	東京ビッグサイト	ランナー受付	2,380
ファミリー・フレンドシップラン	臨海副都心シンボルプロムナード公園	コース管理 会場管理	245
スタート	東京都庁及び周辺	手荷物 出発係 会場誘導 給水・給食 車いすランナー対応 インフォメーション 駅改札誘導 更衣室管理 入場ゲート	1,575
10 km フィニッシュ	コングレスクエア日本橋	手荷物返却 会場誘導 ランナーサービス 更衣室管理 インフォメーション 車いすランナー対応 表彰式対応	95
マラソンフィニッシュ	大手町及び日比谷公園周辺	会場誘導 車いすランナー対応 手荷物返却 ランナーサービス 手荷物相談所	2,109
コース	新宿・飯田橋、神田・日本橋、水天宮・人形町、蔵前・浅草、両国、清澄・門前仲町、銀座・有楽町、日比谷・丸の内、芝・高輪ブロック	給水・給食 コース整理員 観衆整理 ランナーサポート 距離表示・振分表示	6,965
合計（4日間の延べ人数）			13,369

▶ 出典：東京マラソン財団 2017

図表 13-10　東京マラソンのボランティア体制

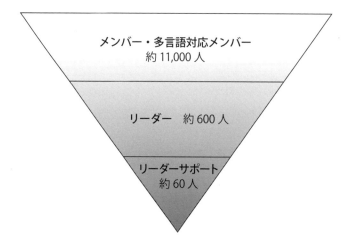

メンバー・多言語対応メンバー
約 11,000 人

リーダー　約 600 人

リーダーサポート
約 60 人

▶ 出典：東京マラソン財団 2017 年

■ 引用・参考文献一覧 ■

● 山口泰雄『スポーツ・ボランティアへの招待：新しいスポーツ文化の可能性』世界思想社 2004 年
● スポーツにおけるボランティア活動の実態等に関する調査研究協力者会議『スポーツにおけるボランティア活動の実態等に関する調査研究報告書』2000 年
● 笹川スポーツ財団 編『スポーツ白書 2020：2030 年のスポーツのすがた』笹川スポーツ財団 2020 年
● 笹川スポーツ財団「文部科学省委託調査『スポーツにおけるボランティア活動活性化のための調査研究（スポーツにおけるボランティア活動を実施する個人に関する調査研究）』報告書」2015 年 https://www.ssf.or.jp/thinktank/volunteer/2014_report22.html　2021 年 1 月現在
● 笹川スポーツ財団 編『スポーツライフ・データ 2018：スポーツライフに関する調査報告書』笹川スポーツ財団 2019 年
● 笹川スポーツ財団（文部科学省委託事業）「スポーツボランティア・運営ガイドブック：スポーツイベントのボランティアを知る」2015 年 https://www.ssf.or.jp/thinktank/volunteer/2014_report24.html　2021 年 1 月現在
● 東京マラソン財団『TOKYO MARATHON 2017 OFFICIAL PROGRAM』2017 年

第14節 スポーツイベントとテクノロジー

▓▓▓ 14 － 1　スポーツとテクノロジー

　日本においては、長らく野球を中心としたスポーツイベントが盛んであったが、Ｊリーグの開幕とともにスポーツのジャンルが多角化し、今では多くのスポーツイベントが行われているのは誰もが知るところである。

　スポーツとテクノロジーは切っても切れない仲である。スポーツ技術やパフォーマンスの向上、安全性の確保などに先端技術（テクノロジー）が多岐にわたって関係している。スポーツイベントは、参加型と観戦型（テレビ視聴を含む）に大別されるが、どちらのタイプもテクノロジーの影響・恩恵を受けている。

　市民マラソンや草野球、草サッカーなどのイベント参加を楽しむ一般大衆が数多くいる。テクノロジーによって新しい素材がスポーツ用具やウェア、シューズ、施設・器具などに応用・開発され、アスリートのパフォーマンス向上によってその品質が保証され、大量生産によって手ごろな価格で一般大衆に販売され、スポーツの大衆化が促進されてきた。

　2007 年に始まった東京マラソンは、都市型マラソンイベントを全国各地に拡散するきっかけを作った。1980 年代のランニングブームの再来ともいわれているが、トップアスリートに交じって幅広い層の市民ランナーの参加も目立ち、完走者が飛躍的に増えている。

　競技力の向上としては、マラソンランナーが競って履く「厚底シューズ」や、禁止されてしまったが浮力が大きい高速水着の「レーザーレーサー」、空気抵抗を少なくするスケートのレーシングスーツや逆に空気抵抗を大きくするスキージャンプスーツなど、全て競技力向上をもたらすテクノロジーである。また、スイート・スポット（真芯の打点）を大きくして、初心者や初級者でもボールを飛ばせるテニスの「でかラケット」やゴルフのドライバーの「でかヘッド」等の開発が生涯スポーツの人口を増やしている（**図表 14-1** 参照）。

　また、健康的な生活習慣の普及・定着を狙ったスマートフォンアプリの開発や、Apple Watch や Fitbit に代表される腕時計型のフィットネストラッカーはテクノロジーの代表例である。これらのアプリやデバイスは、機能の高性能化が進化し続けている。ランニングやトレイルランに本格的に取り組む市民ラン

ナーも GPS 機能搭載の高性能トラッカーを利用するなど、マラソンイベント
などで市民ランナーの使用が広まっている。更には、各種のセンサーが内蔵さ
れたスマートシューズは専用のアプリと連動することで、走行距離や歩幅、足
の接地角度や衝撃度を一歩単位で計測し、その結果を用いてランニングを診断
しトレーニングに役立てることが可能になっている。

図表 14-1　スポーツパフォーマンスとテクノロジー

競技力向上	マラソン用厚底シューズ、高速水着（レーザーレーサー）、スキージャンプスーツ、アイススケートのレーシングスーツ、スラップスケート、インラインスケート、他	ウェアラブル計測器（ストップウォッチ・Fitbit・Apple Watch 等）、水泳・スキー・スケートのゴーグル、各種ユニフォーム、各種シューズ、各種プロテクター、各種ボール、人工芝、タラフレックスコート、体操競技器具、陸上競技器具、競技力向上各種サプリメント、他
スポーツ普及	テニスラケット（でかラケット）、ゴルフ（ドライバー・でかヘッド）、スノーボード、スケートボード、サッカーボール、野球の金属バット、サッカー GK 用グラブ、他	
安全性	棒高跳び・走り高跳びのマット、体操競技のマット、コンタクトスポーツ用のマウスガード、他	

▓ 14－2　スポーツイベントと放送・放映テクノロジー

　スポーツイベントとテクノロジーの関係は、放送・放映技術、通信・通話技
術、広告・宣伝技術、審判補助技術・記録計測技術、スポーツ施設・設備・用
具技術、安全性・セキュリティ技術など多岐にわたる（**図表 14-2** 参照）。特に
テクノロジーの産物である新聞・ラジオ・テレビなどマスメディアの技術革新
はスポーツイベントの発展に多大な貢献をしている。

　国際的スポーツイベントの先鞭をつけたオリンピックにおいて最初のラジオ
中継は、1924 年オリンピック・パリ大会であった。ラジオ放送は 1920 年代に
本格的な開始を迎えたが、オリンピックが当時の先端技術をいち早く導入した。

　映像においては、映画の始祖といわれるリュミエール兄弟が開発したばかり
の映画の技術を使って、1900 年オリンピック・パリ大会からニュースとして
記録されたものが残っている。そして、1936 年オリンピック・ベルリン大会で、

レニ・リーフェンシュタールが様々な撮影技術を駆使して記録映画『オリンピア（『民族の祭典』『美の祭典』の 2 部構成）』を完成させ、ヴェネツィア国際映画祭最高賞を受賞するなど、オリンピックの映像を世界に広めた。また、ベルリン大会ではテレビ中継が特設会場で行われ、一種のパブリックビューイングの形で多くのドイツ人が楽しんだという記録も残っている。

図表 14-2　スポーツイベントとテクノロジー

放送・放映技術	ラジオ放送、テレビ放送、衛星放送（BS/CS）、インターネット放送	モノクロ放送、カラー放送、ハイビジョン放送、デジタル放送、4K テレビ	撮影用カメラ、高速度カメラ、超高速度カメラ、ビデオ録画機、ビデオ再生機、スローモーション再生機、ドローン
通信・通話技術	固定電話、海外通話（海底ケーブル）、電報、ファックス、衛星通話、インターネット	携帯電話、スマートフォン、ウェアラブルカメラ・通信機器	
広告・宣伝技術	電光掲示板　場内放送（PA システム）	常設看板、液晶ディスプレイ、LED ビジョンパネル、VR 広告	デジタルサイネージ
審判補助技術・記録計測技術	写真判定（静止画像：スリットカメラ、デジタルビュアー）、競泳種目のタッチパネル判定	ビデオ判定（動作画像：ビデオ再生機）、サッカー・野球等の VAR、テニスのホークアイ、サッカーの GLT（ゴールレフなど）	体操競技の 3D センシング、スキージャンプ・走り幅跳び・棒高跳び・投擲種目等の電子スターター、電子測定器
スポーツ施設・設備・用具技術	ドームスタジアム、人工芝サーフェス、オムニコート、タラフレックスコート、可動床・可動壁プール、全天候型陸上競技場、可動式グラウンド（札幌ドーム）	アイスアリーナ製氷技術、体操競技器具、トランポリン、アルペンスキーの板・ワックス、アルペンスキーの旗門、ランニングイベントの IC チップ、スマートシューズ	アリーナ・スタジアムの音響システム、換気システム、照明システム、雨水処理システム、セキュリティシステム
安全性・セキュリティ技術	AED、野球場防球ネット、アイスホッケーアリーナの防御壁	スタジアム・アリーナでの観客の顔認識システム「FaceFirst」、非接触型検温システム、非接触型顔認識システム（Face Pro など）	野球選手用ヘルメット、スキージャンプ選手・アルペンスキー選手用のヘルメット、コンタクトスポーツ用マウスガード、スキー選手用のプロテクター、ボクシング・ラグビーのヘッドプロテクター

　第二次世界大戦後の復興五輪と呼ばれた 1948 年オリンピック・ロンドン大会では生放送のテレビ中継が行われ、一般家庭のテレビ普及に一役買った。オリンピックというスポーツイベントの価値に目を付けた国際オリンピック委員会（IOC）は、1960 年のローマ大会から米国 CBS テレビ局などと放映権の契約を取り交わした。1964 年の東京大会では、衛星回線による海外中継が初めて取り入れられ、開催国以外でも同時に競技を観戦することが可能となった。カラー放送による中継が開始されたのもこの大会からである。

　その後ハイビジョンによる中継が取り入れられ、2008 年オリンピック・北京大会からは国際映像は全てハイビジョン、5.1 サラウンド音声で制作されるようになった。2012 年のロンドン大会は、「デジタルオリンピック」「ソーシャルオリンピック」とも呼ばれ、インターネットとテレビ放送の融合が始まった。インターネットによるライブストリーミング放送はもちろん、テレビ放送とのハイブリッドキャスト※放送も取り入れられるなど、新しい視聴形態が提供されるようになり、更に多くの人々が観戦することが可能となった。その後の 2016 年のリオデジャネイロ大会では 4K ／ 8K 放送が導入されるなど、オリンピックの開催は放送技術の進化を促し、テクノロジーによって人々がより一層観戦を楽しむことを可能としている。

▓ 14 － 3　スポーツイベントと記録計測テクノロジー

　スポーツイベントにおいては勝敗の判定が極めてシビアである。公営ギャンブルの競馬や競輪などでは、以前から写真判定テクノロジーが取り入れられ、ミスジャッジを極力なくそうとしている。テニスのイン・アウトの判定や、体操選手やアイススケート選手の複雑かつスピーディな動作をこれまで人間の目で判定してきたが、人間の目で確実に判定することに限界があることから、記録計測テクノロジーの革新が進んでいる。

　競馬や自転車競技、陸上競技の短距離種目には、静止画像を使う写真判定として、高速度カメラや高感度カメラが使われ、競泳ではセンサー技術を取り入れたタッチパネルが使われている。これに対してサッカーやラグビー、柔道や相撲などでは動画像が主流であり、高速度・高解像度撮影によるビデオ判定が

　※　ハイブリッドキャスト：通信と放送が連携したサービス。テレビ放送に加えて、インターネット
　　経由の様々な情報を番組と連動・非連動で利用できる。

行われている。走り幅跳びや三段跳び、スキージャンプは電子測定器などが導入され、巻き尺を使うといった人間の手による計測は姿を消している。

　サッカーのイベントではオフサイドやゴールの判定でよくもめるため、2014 FIFA ワールドカップ・ブラジル大会から得点（ゴール）を自動判定する**ゴールラインテクノロジー（GLT）**が導入された。更に 2018 年のロシア大会から**ビデオアシスタントレフェリー（VAR）**が公式に導入され、オフサイド判定や選手のラフプレー等について映像による動作解析が行われ、主審の判断支援とともに判定精度の向上に寄与している。

　テニスイベントでは、全仏オープンを除く 3 大大会（ウィンブルドン、全米オープン、全豪オープン）において、主にサーブの際のボールの落下地点判定をサポートする「**ホークアイ（鷹の目）**」テクノロジーが 2006 年から公式に導入されている。主審の判定に不服があるとき、選手が要求（「チャレンジ」）すると主審がホークアイを使ってボールの接地点を確認することになっている。ホークアイは、競技場に設置された 10 台のカメラが捉えたボールの映像から最も妥当な軌道を再構築し、コンピュータグラフィックスで瞬時に再現する判定法である。審判の判定に異議があるとき、選手はホークアイの判定を主審に要求できる。このチャレンジは、ホークアイの判定で異議が 3 回却下されるまで 1 セットで何回でも要求できる。

　審判の主観による採点方式の体操競技においても、これを支援するものとしてテクノロジーによる自動採点システムが導入されている。2019 年にドイツで開催された第 49 回世界体操競技選手権大会において、国際体操連盟が富士通と開発した「**AI 自動採点システム：3D センシング**」が導入され、3D レーザーセンサーを用いて選手の演技の立体形状をリアルタイムに捉え、その取得したデータを「技の辞書（データベース）」とマッチングさせることによって、技が成立した場合に、技の名前、エレメントグループ、難度、点数を自動でアウトプットする AI 自動採点を実現した。このシステムは、2020 年東京オリンピック・パラリンピック競技大会に導入されることが決まっている。

▦ 14 - 4　スポーツイベントと　　　　スポーツ施設関連テクノロジー

　スポーツイベントの劇場空間を創り出す、スタジアムやアリーナに代表されるスポーツ施設も最新テクノロジーを取り入れて日々進化している。ハード面

　のテクノロジーとしては、ドームスタジアム、可動式グラウンド（札幌ドーム）、可動式アリーナ（さいたまスーパーアリーナ）、造波抵抗の小さい可動床・可動壁プールなどの技術革新が次々と起きている。天候に左右されないスポーツ施設の登場により、スポーツだけでなく多種多様なイベント開催が可能となっている。また、広告宣伝空間としては、スコアボードやグラウンド・アリーナ内の空間にLEDパネルや液晶パネルを組み合わせた電子広告板やデジタルサイネージを設置でき、スポーツイベントの商品価値を更に高めている。

　陸上競技場のトラック素材は、レンガを砕いたアンツーカー⇒ゴム製チップのタータン⇒ポリウレタン樹脂と変遷している。新国立競技場は、「高速」とエコロジーを謳い文句にした新素材のゴム製トラックを採用している。サッカーでは、天然芝に加えて人工芝が日本中に普及し、サッカー以外のスポーツやイベントにも使われている。FIFAワールドカップ本大会では2015 FIFA女子ワールドカップに人工芝グラウンドの使用が認可された。また、天然芝と人工芝を組み合わせて開発された「ハイブリッド芝」は、ラグビーワールドカップ2019日本大会でも使用され、芝が土ごとずれたり、剥げるダメージを防ぎ、回復も早い芝であることを証明した。

　テニスでは芝生のグラスコート、土のクレイコート、コンクリートのハードコート、砂入り人工芝のオムニコートなど多彩なコートサーフェスが開発されている。また、バレーボールの国際基準として使われている塩化ビニル樹脂製のタラフレックスコートは、弾力性があり、床板の剥離事故などを引き起こさない安全性も認められている。

　ソフト面の取り組みとしては、スタジアムやアリーナ自体に各種のICT技術を組み合わせたスマートスタジアム・スマートアリーナが登場している。例えば、Wi-Fi環境の整備により、売店の情報やトイレの空き情報等をリアルタイムに提供することで観客の便宜を図ることもできる。既にNTTと大宮アルディージャによる実証実験や、東北楽天ゴールデンイーグルス・ヴィッセル神戸のスタジアムにおけるキャッシュレスの支払い等が始まっており、今後本格的な導入が期待される。また、マラソンなどのスタジアムから離れた競技に関しても、テクノロジーの利用によるリアルタイムのデータ提供で、更にスポーツ観戦を魅力的なものにすることが可能になる。

　見落とされがちなのが、スポーツ施設の管理運営（ファシリティマネジメント：FM）関連のFMテクノロジーである。富士通の研究者らは、スタジアムやアリーナの運営・管理の効率化の視点と観客経験価値の向上の視点から、イベントにおけるデジタルテクノロジーの今後の利活用法を提案している。例え

ば、新国立競技場のような大規模スタジアムの建物と電力・照明・空調設備等のインフラを安全かつ効率的に管理運営するためには、スタジアム・アリーナ向けに最適化されたデジタルテクノロジーの FM システムが導入されることが必要になってくる。FM システムの代表的なものは、建物への入退場ゲート、入退室管理、防犯目的の映像監視、テロ対策を含む認証システム、駐車場管理システム等である。

▦ 14 － 5　スポーツイベントとデジタルテクノロジー

テクノロジーの革新はスポーツイベントの巨大化・マス化・大衆化に大きな影響を及ぼしてきた。21 世紀に入りデジタルテクノロジーの革新は目覚ましいものがある。デジタルテクノロジーはイベントと親和性が高く、スポーツイベントを大きく変容・進化させる可能性がある。本節では 2020 年の時点で話題のデジタルテクノロジーを数点紹介する。

（1）スポーツ映像制作・中継のデジタルテクノロジー

2000 年以降、10 代、20 代のテレビ視聴時間の減少が顕著になり、放送から映像配信の時代に入ったともいえる。スポーツ映像制作・中継においてデジタルテクノロジーを駆使したイマーシブ（immersive）※が注目されている。一言で表現すると、競技空間そのものを画面に再現する先端技術を駆使したコンテンツである。NTT データが開発したイマーシブテレプレゼンス技術「Kirari!」は、スポーツ競技の映像を平面的なディスプレイに映し出すだけではなく、スポーツ会場特有の「臨場感」まで再現する技術である。イマーシブテクノロジーを利用すると、実際の競技中の選手を実物大の立体的な映像で表現し、音声も立体的に再現できるので、離れた場所でも臨場感のある観戦が可能となる。また、AR（拡張現実）技術を使って、観戦者がスタジアムの中を動き回るように、位置が変わればそれに応じて映像も音声も変わっていくことを実現している（**図表 14-3** 参照）。

※ イマーシブ（immersive）：没頭させるような、という意味の言葉。映像や音響などのコンテンツについていうことが多い。

図表 14-3　超高臨場映像ソリューション NTT Kirari!

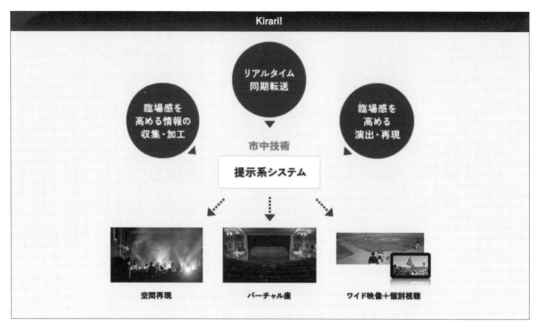

▶ 出典：NTT グループ HP

（2）仮想現実・仮想空間のデジタルテクノロジー（VR / AR / MR）

　VR（Virtual Reality）とは、仮想現実とも呼ばれ、仮想の世界を現実のように**体験できる技術**である。任天堂が 2006 年に発売したゲーム機 Wii は、コントローラ自体を振ったりひねったりして画面上のキャラクターを操作できることが特徴で、VR のはしりといえる。現在の代表的な VR は、モバイル端末と VR ゴーグルを使った、ゴーグルに映し出される仮想空間上のゲーム体験である。

　AR（Augmented Reality）とは、拡張現実と称され、**現実の世界に仮想の世界を重ねて体験できる技術**。「HADO」は、頭にヘッドマウントディスプレイ、腕にアームセンサーを装着し、自らの手でエナジーボールやシールドを発動させ、フィールドを自由に移動し、仲間と連携しながらドッジボールのような試合を楽しむ AR スポーツである。

　MR（Mixed Reality）とは、複合現実と称され、目の前に見えている現実（リアル）の世界とコンピューター上の仮想（バーチャル）の世界とを組み合わせて、実在しない物体を現実空間に存在するように見せたり、操作できたりする技術である。この技術を使って高度なトレーニングメニューの開発や戦略分析など

も普及している。

　これらのデジタルテクノロジーは、様々なセンサーや高速度撮影や、高解像度の映像収録のためのカメラ等のハードウェアの進化だけでなく、収集したデータの解析、高度な画像処理を可能とするソフトウェアの開発にも貢献している。例えば、水泳種目でのパフォーマンス向上を目的に開発された AR 機能搭載の水泳用ゴーグル「FORM Swim Goggles」は、AI（人工知能）を使って、計測タイムやストローク数をゴーグル上に表示することができる。フェンシング競技では、モーションキャプチャーと AR 技術を使って剣先の軌跡を可視化し、瞬時に繰り出される技を、リアルタイムでアイコンに変換しリアルタイムで表示する「フェンシング・ビジュアライズド（FV）」システムが開発されている。この FV システムは、剣先の動きが速すぎて判定がわかりにくいという観客からの要求への対応であり、フェンシング競技の欠点を補っている。

（3）e スポーツ

　近年特に注目されているのが e スポーツである。e スポーツとは、エレクトロニック・スポーツの略で、コンピュータゲーム、ビデオゲームを使ってスポーツ競技として対戦するゲームである。多額の賞金が獲得できる大会やプロリーグも発足しており、プロゲーマーとして活躍する選手もいる。e スポーツのイベントは世界的な広がりを見せており、競技人口・市場規模の拡大も著しい。2020 年の観客者数は、推定全世界で 5 億人、市場規模は 9.5 億ドル（約 1 兆円）規模になる。日本においては 2020 年の市場規模は 66 億円、毎年 20％増で推移すると予測されている。

　スポーツイベントとしての位置付けは、2018 年のアジア競技大会において公開競技になったのがきっかけである。日本においても 2019 年茨城国体の文化プログラム「全国都道府県対抗 e スポーツ選手権 2019 IBARAKI」として行われ、スポーツイベントの一つとして認知されつつある。茨城国体では、「ウイニングイレブン」「ぷよぷよ」「グランツーリスモ」の 3 種目が正式種目となった。各ゲームメーカーの主力タイトルである。e スポーツ先進国の韓国・ソウルにおいて、2019 年に国際 e スポーツ連盟（IESF）主催「第 11 回 e スポーツ ワールドチャンピオンシップ」が開催され、こちらは「Dota 2」「鉄拳 7」「ウイニングイレブン」の 3 タイトルが公式種目となっている。IOC ではオリンピックでの正式種目化も検討している。

　今後、e スポーツの競技人口の増加など大きく成長することが予測される。

　更に e スポーツは、身体的なハンディの制約が問われない特徴もある。したがって、障がい者にとって幅広い可能性が期待されている。

．．

■ 引用・参考文献一覧 ■

● 永井研二 "オリンピックと放送技術の発展"「映像情報メディア学会誌」第 70 巻第 5 号 2016 年
● FUJITSU JOURNAL「国際体操連盟が正式採用した『AI 自動採点システム』はスポーツ界をどう変えるのか」
　https://blog.global.fujitsu.com/jp/2019-06-28/01/　2021 年 1 月現在
● 日本 e スポーツ連合 HP（経済産業省委託事業）「日本の e スポーツの発展に向けて:更なる市場成長、社会的意義の観点から」
　https://jesu.or.jp/wp-content/uploads/2020/03/document_01.pdf　2021 年 1 月現在
● スポーツ庁・経済産業省「スポーツ産業の活性化に向けて」
　https://www.kantei.go.jp/jp/singi/keizaisaisei/jjkaigou/dai44/siryou7.pdf　2021 年 1 月現在
● けんせつ Plaza「人工芝とハイブリット芝の現状と課題」
　https://www.kensetsu-plaza.com/kiji/post/28415　2021 年 1 月現在
● 渡邊優、小山英樹、照井雄一、永瀬一博、川野清志 "次世代のスタジアム・アリーナを支えるデジタルテクノロジー"「Fujitsu」第 69 巻第 2 号 2018 年
　https://www.fujitsu.com/jp/documents/about/resources/publications/magazine/backnumber/vol69-2/paper05.pdf　2021 年 1 月現在
● SPREAD「フェンシングの新システム、太田雄貴は東京五輪での導入に意欲　テクノロジーで『分かりやすさ』と『感動体験』を」
　https://spread-sports.jp/archives/38570　2021 年 1 月現在
● Gough, C. "eSports market: Statistics & Facts" Statista. 2020
　https://www.statista.com/topics/3121/esports-market/　2021 年 1 月現在
● NTT グループ HP「超高臨場感を世界の人々へ　Kirari!」
　https://www.ntt.co.jp/activity/jp/innovation/kirari/　2021 年 1 月現在

．．

COLUMN
5

高校 e スポーツの祭典　STAGE：0 について

1．プロジェクトの概要について

　STAGE：0（ステージゼロ）は、同じ高校内でチームを組み日本一を争う、高校対抗 e スポーツ大会です。日本中の高校生から世界をあっと驚かせる新しい才能を発掘することをビジョンに掲げ、2019 年よりスタートしました。競技タイトルは、「CLASH ROYALE（クラッシュ・ロワイヤル）」「Fortnite（フォートナイト）」「League of Legends（リーグ・オブ・レジェンド）」の 3 タイトルで、いずれも世界中で絶大な人気を集めており、世界大会やプロリーグも開催されています。

ⓒ2021『STAGE:0 eSPORTS High-School Championship 実行委員会』All rights reserved.

　テレビ東京、電通が実行委員会を組成し、大会を主催・運営しています。また、全国各エリアのテレビ局・新聞社を「メディアパートナー」として迎え入れ、ともにプロジェクトを推進しています。大会は全国 7 つのブロックの代表を決定する「ブロック代表決定戦」と、それぞれの代表が集う「決勝大会」から成り、「ブロック代表決定戦」は、メディアパートナーとともに運営しています。

2．e スポーツとは

　e スポーツは、「エレクトロニック・スポーツ」の略で、一般的には、電子機器を用いて行う娯楽、競技、スポーツ全般を指す言葉であり、コンピュータゲーム、ビデオゲームを使った対戦をスポーツ競技として捉える際の名称といわれています。STAGE：0 では、対戦相手や流行している戦略を分析し、自分の置かれている状況や空間を瞬時に把握した上で自身の戦略を立て、チームと連携し、反射神経をフルに活用して競い合う「競技」として e スポーツを捉えています。

3．プロジェクト立ち上げの背景

　2018 年当時、世界にはおよそ３億 8,000 万人※に及ぶｅスポーツの観戦者・ファンがいるとされており、その規模は拡大傾向にありましたが、一方で「市場規模」という観点においては、日本は全世界の 2％程度という現状がありました。日本が数々の素晴らしいゲームを生み出してきた「ゲーム大国」であることを踏まえても、今よりももっと多くの日本人プレーヤーが世界で活躍する未来があるべきだ、という意識をプロジェクトメンバーで持つに至りました。

　フィギュアスケートや卓球など、他のスポーツの成功事例を研究したところ、若い世代から国民的な「スター選手」が誕生したことで、そのスポーツへの注目度が高まり、更に新たな選手の競技参加が促され、新たなスター選手が次々と誕生する環境が生まれる、という好循環が生まれていました。ｅスポーツにおいても、新しい才能が続々と世界に羽ばたいていくきっかけが、彼ら／彼女らが活躍する「場所」が必要だと考えました。

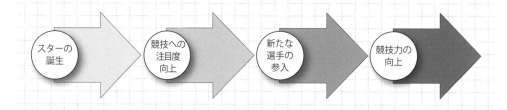

　STAGE：0 はｅスポーツイベントという枠を超え、「新たな才能が生まれるプラットフォーム（土台）」であることを指針としています。理念に共感いただき、初年度から日本コカ・コーラ様や KDDI 様などのご協賛、日本ｅスポーツ連合様、全国各地の教育委員会様からの後援など、様々な皆様のご支援をいただいております。

※ newzoo "2018 GLOBAL ESPORTS MARKET REPORT"
　https://asociacionempresarialesports.es/wp-content/uploads/newzoo_2018_global_esports_market_report_excerpt.pdf　2021 年 1 月現在

4．大会の教育の場への影響

　第 1 回大会（2019 年大会）は、初年度にもかかわらず、全国から 1,475 校・1,780 チーム・4,716 名が大会に参加し、配信視聴者数は約 136 万人に達するなど、日本最大※の「高校 e スポーツの祭典」となりました。

　全国 7 つのブロックでの代表決定戦と決勝大会をオフラインで開催しました。チームメイトとともに勝利を目指し、磨いた技術を切磋琢磨し合う高校生たちの姿はとても輝かしく、スーパープレーが飛び出すと会場がどっと沸き上がる一体感からも、新たなスポーツ文化の誕生を感じました。

ⓒ2021『STAGE：0 eSPORTS High-School Championship 実行委員会』All rights reserved.

　また、参加した高校生が所属する「学校」においても新しい変化がありました。STAGE：0 で優秀な成績を収めたプレーヤーが全校集会で表彰されたり、学校のホームページに掲載されたり、横断幕を飾っていただいたり、というご報告を先生やご両親からいただきました。教育の場においても、e スポーツを、遊びではなく「競技」として捉えていただく萌芽となりました。

※ 2015 年-2019 年 高校生のみ（高等学校、高等専門学校、中等教育学校後期課程または特別支援学校の高等部所属）を対象とした e スポーツ大会の参加者数（公表数）の調査に基づく（2020 年 3 月 26 日時点）

　そんな中、第2回大会から、文部科学省の後援事業として認定いただきました。eスポーツ大会としては日本で初めてのことであり、文部科学省後援事業として、eスポーツの教育的価値を追求することで、幅広い世代から支持を受け、新しい文化として定着・発展できるよう、現在もあらゆる挑戦を続けています。

5．新型コロナウイルス感染症の拡大を受けたオンライン開催

　第2回大会（2020年大会）の準備期間に新型コロナウイルス感染症（COVID-19）が拡大し、当初検討していた第1回大会同様のオフライン形式での実施は困難になりました。高校生にも制限やストレスがかかっているからこそ、中止するのではなく、この状況下だからこそできる方法論を模索しました。全ての方々の安全を最優先に考慮し、遠隔でも対戦できるeスポーツの特長を生かし、オンライン形式での開催を決定しました（高校生は自宅や学校からオンラインで競技に参加し、その様子を配信スタジオから視聴者へお届けする形式）。

© 2021『STAGE：0 eSPORTS High-School Championship 実行委員会』All rights reserved.

　結果として、全国1,779校、2,158チーム、5,555名の高校生に参加いただき、過去最大のエントリー数となりました。更には、ライブ配信の総視聴者数は、第1回大会の136万人を大きく上回る、747万人に達するなど成功を収めることができました。

　大会の演出という観点でも、オンラインだからこそできる演出として、ブロック代表決定戦および決勝大会では、大会初の AR を駆使した「バーチャルスタジオ」を導入するなど、最先端の e スポーツ配信番組を実現しました。

ⓒ 2021『STAGE：0 eSPORTS High-School Championship 実行委員会』
All rights reserved.

6．今後について

　日本が世界に誇るゲーム文化、e スポーツ文化の更なる発展に貢献すべく、100 年続く大会を目指しています。2019 年のオフライン大会で得た資産と 2020 年のオンライン大会で得た新しい資産をかけ合わせ、今後も大会を発展させ、開催して参ります。

株式会社電通 コンテンツビジネス・デザイン・センター

プランナー　奥田 隆馬

第15節 スポーツイベントと都市経営・サステナビリティ、SDGs

⁝ 15 − 1　スポーツイベントと都市経営

（1）スポーツイベントによる都市経営

　スポーツが、地域活性化やまちづくりのツールとして注目を集めている。人口の減少や経済的衰退など地方の都市は多くの問題を抱えている。スポーツはそれらの問題を解決するための糸口になるものとしての期待が大きい。都市経営について、原田（2020）は、「地域に経済的に自立したスポーツエコシステムの構築」が必要であると示しており、そのためには地域におけるスポーツの発展と、域外からのスポーツツーリストの誘致の両面が必要であることを示している。本節における**都市経営とは、都市を単なる自治体組織として捉えてその政策を考えるのではなく、スポーツを活用してその街に暮らす一人ひとりの市民のクオリティ・オブ・ライフをどのようにして高めるかを考えること**である。

　スポーツイベントを開催するにあたっては、より質の高いコンテンツの提供によりメディア視聴を含む多くの観戦者の満足度を高めることに力を注ぐことになる。しかしながら、スポーツイベントの開催によって様々な影響を受けるのは、観戦者や参加者だけではなく、開催地に暮らす地域住民の生活も様々なインパクトを受けることになる。それは経済的なインパクトのみならず、社会的・心理的なものにまで及ぶ。そして必ずしもポジティブなものばかりではなく、場合によってはネガティブなものもある。メガスポーツイベントの開催や、スポーツ施設の建設にあたっては開催地住民をはじめとする市民団体から反対運動が起こることも珍しいことではなく、開催地住民の中にはイベントの開催を歓迎する人ばかりではない。スポーツイベントの開催にあたっては、イベント参加者や観戦者の満足度を高めるだけではなく、環境・社会・地域コミュニティに配慮した運営が求められることになり、それはまさに都市経営そのものにインパクトを与える存在である。

　近年、スポーツの商業化の流れから経済効果に注目が集まり、メガスポーツイベントの開催は巨額の経済波及効果を生み出すものとして捉えられるようになった。更にスポーツやスポーツイベントがもたらすものは単なる経済効果に

とどまらずまちづくりや地域創生への糸口を提供するものとして、社会課題解決への期待が高まっている。

　スポーツは、裾野の広い産業領域である。人口減少に悩む我が国において交流人口を促進し、住民の地域愛着を高め、ソーシャルキャピタルを高めることにつながる。本節では、スポーツイベントによる都市経営ついて紹介したい。

（2）スポーツイベントがもたらす効果

　スポーツイベントは、地域住民が参加して行われるグラスルーツイベントから、オリンピック・パラリンピックや FIFA ワールドカップといったメガスポーツイベントまで様々であり、そのイベントが生み出す効果についてもイベントの規模や狙いによって様々である。メガスポーツイベントとは、インフラ整備や巨額費用を投じての建設などといった都市の再開発を伴うものであり、評判が高く多くの人々の心に刻まれるもので、経済効果をはじめとするインパクトの大きさから必然的に注目を集めるスポーツイベントである。その一方で、市民参加型のグラスルーツイベントは日本中で開催されており、小規模で経済効果などは小さくても人々がそこに参加して楽しんでいる。そして、そのようなグラスルーツイベントでも地域住民に多くのベネフィット（便益・効果）があることが指摘されており（Taks et al. 2014, Taks 2013）、開催地の規模や調達できる資源に合わせてスポーツイベントを計画することが必要である。

　図表 15-1 には、コミュニティ心理学における私たちの社会の重層性を元にしたスポーツイベントの規模と効果のモデルが示されている。様々なレベルで組織に所属していることが人間社会の特徴であり、活動のスケールは個人から、国としての政府や社会に至る。

　集団を構成するのは個人であり、私たちはウォーキングやジョギングなどの運動に個人で取り組む。この場合の活動によるメリットは健康増進や体力の維持・増進などが挙げられ、活動に参加した個人がこれらのメリットを享受することになる。そして、地域に所属する集団の最小単位としては、家族が挙げられる。地域では、家族で参加するファミリーイベントも多く行われている。家族で地域に根ざしたイベントに参加することによって、家族の絆が深まり、楽しいイベントの開催を含む地域居住環境への満足度が高まることになる。

　次のレベルは学校や職場などの仲間集団である。例えば大学には、各種目のチームが存在していて、大学選手権において自チームを応援することによって、大学への愛着や学生同士の凝集性が高められることが考えられる。また、職場

図表 15-1　スポーツイベントの規模と効果

	所属集団	スポーツの対象例	効果の例
	政府・社会・文化	ナショナルチーム	愛国心
	地域コミュニティ	プロチーム	地域アイデンティティ
	仲間	大学チーム	集団凝集性※
	家族	ファミリーレジャー	家族の絆
	個人	健康スポーツ	健康・体力づくりシェイプアップ

の仲間も同様に、企業チームを所有しており、実業団リーグにおいて企業チームを応援することで、会社への愛着や社員の凝集性や士気が高められている。更に規模の大きな所属集団としては、特定の地域コミュニティが挙げられる。Ｊリーグに代表されるように、近年では地域コミュニティのシンボルとして位置付けられるようなプロスポーツチームが存在している。地域密着型プロスポーツチームがリーグ戦を戦い、地域のファンがチームを応援することによって、地域アイデンティティ（地元意識）を構築するといわれている。

　最後は、国のレベルである。私たちは国籍という形で特定の国の国民という集団に所属している。国レベルでは、各種目のナショナルチームが存在しており、ワールドカップや国際マッチで自国を応援することで、国民としての自覚や愛国心が高まることになる。

　都市経営においては、地域コミュニティサイズのマネジメントが求められることから、プロチームのリーグ戦をはじめ様々な規模のイベントを活性化する必要がある。個人や家族で参加できる地域イベントの活性化は、住民の健康増進に役立つとともに地域の生活環境への満足度を高めることにつながり、地域

※ 集団凝集性：集団が構成員を惹きつけ、その集団内にとどまらせるように働く力のこと。

満足度が高まる。そしてプロチームのリーグ戦での勝利を後押しするとともに、効果的なホームタウン活動を促進させ、住民の地域への満足度の向上につながる。ファンはホームチームに対して、「地元」であることを理由にファンになるのではなく、地元のチームが行う様々なホームタウン活動を評価することでチームの評判を高め、チームへのアイデンティティを高めることが明らかになっている（冨山 2014）。チームのホームタウン活動をチーム任せにするのではなく、地域のスポーツ推進と一体化したビジョンを持って運営することが望ましい。

（3）イベント開催効果

　地元で大規模なスポーツイベントが開催されることについて、地域住民はどのように考えているのだろうか。**図表 15-2** は、2017 年 10 月にラフティング世界選手権が、2018 年 8 ～ 9 月にウェイクボード世界選手権大会が開催された徳島県三好市の住民を対象に、大会開催後に行った大会評価調査の結果である。徳島県三好市は、総人口約 25,000 人で徳島県西部に位置する市である。

図表 15-2　国際的イベントに対する三好市民の評価

分類	評価項目	平均値	標準偏差
イメージ	身近で世界レベルの試合が見られる	4.19	1.042
	水上スポーツの普及になる	3.95	1.013
	地域のイメージが良くなる	3.97	1.012
	地域の文化や社会を発信できる	3.84	0.976
	地域活性化につながる	3.79	1.144
	外国の選手と交流できる	3.68	1.093
	地元に経済効果がある	3.49	1.134
生活	鉄道や道路等の交通の便が良くなる	2.60	1.118
	地域の生活環境が良くなる	2.70	1.097
	住民同士の関わり合いが増える	3.00	1.068
	大会終了後も観光客が増える	2.93	1.029
負の効果	車が混雑する	3.46	1.075
	自然破壊につながる	2.55	0.958
	ゴミなどが散らかる	2.94	0.909
	犯罪が増える	2.65	0.988

四国のほぼ中央に位置する自然豊かな市で、この市を流れる吉野川で両大会が行われた。調査対象は、地元の小学校、中学校、高等学校の保護者で、225名から回答を得た。評価項目は「地元のイメージや活性化に関する側面」「地域の生活環境に関する側面」「大会の負の効果に関する側面」の3つに分かれており、それぞれの項目で「そう思わない＝1点」から「そう思う＝5点」までの5段階評価の平均値が示されている。

　地元のイメージに関する項目は3点台後半が多く見られており、「身近で世界レベルの試合が見られる」ことや「地域のイメージが良くなる」ことを高く評価している。その一方で、交通の便がよくなったり、観光客が増えたり、生活環境がよくなることについてはやや否定的に捉えている傾向が見られる。また、これらイベントがもたらす負の側面については得点が低くなっていることから、負の側面を感じていることも少ない結果となっている。

　それでは、このような住民の大会評価が、住民の地域への愛着とどのような関係があるのだろうか。**図表15-3**には、住民評価と地域への愛着が示されている。調査データの分析から、地元のイメージや活性化等の「社会的要因」の項目と、「地域愛着」の全ての項目との間に有意な関係があることが示された。

図表15-3　住民評価と地域愛着との関係※

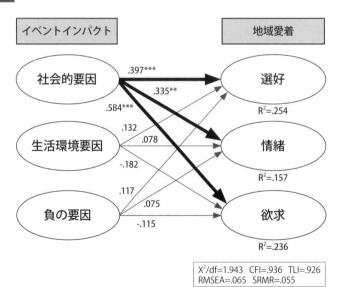

※　アンケート調査によってイベントの影響と地域への愛着について質問し、それらがどのように関わっているかを統計的に分析した結果で、太線で示した3本の矢印の関係が統計的に意味があるという回答を得た。

　都市経営におけるスポーツイベントのインパクトは、経済的な側面や生活環境に関する側面が強調される傾向にある。経済効果は地域活性化には非常に重要な要因であるものの、市民の地域愛着を高めるためには、市民が感じる地元のイメージ向上等の社会的インパクトを高めることも重要である。

（4）スポーツイベントを推進する組織

　スポーツイベントを都市経営に活用し、都市が抱える課題を解決していくためには、積極的なスポーツイベント誘致や地域活性化を志向した、スポーツイベントの活用を中心的に担う組織が必要になる。**スポーツコミッション**は、これらの目的を達成する組織としてスポーツ庁によって設立が推進されている組織である。更に近年では、「**地域スポーツコミッション**」として「地域」という名称を冠し、より地域密着型のスポーツイベント誘致やスポーツイベントによるまちづくり・地域活性化を志向する流れとなっている。

　2019 年から 2021 年の 3 年間は「ゴールデン・スポーツイヤーズ」と呼ばれ、ラグビーワールドカップ 2019 日本大会や 2020 年東京オリンピック・パラリンピック競技大会、そしてワールドマスターズゲームズ 2021 関西と、大規模スポーツイベントの開催が 3 年続けて計画された。そのためにこれらのイベントに参加する代表チームの事前合宿などの受入れに向けて、イベント開催地を含め全国各地には受入れのための組織が設立されている。これらメガスポーツイベントによって生まれた地域ごとのスポーツ推進組織を「地域スポーツコミッション」として活動を継続させていくことは、メガスポーツイベントのレガシーとして重要である。ちなみに 2020 年 10 月時点で、全国に 159 の地域スポーツコミッションが設立されている。

　地域スポーツコミッションが手がけるのは、規模の大きなスポーツイベントの誘致にとどまらない。大都市では大規模なスポーツ大会の開催可能な、恵まれたスポーツ施設が存在しているし、地方都市においてはアウトドアスポーツイベントの開催可能な豊かな自然に恵まれている。各都市がその規模に合ったイベント開催を志向することが重要であるとともに、今後は広域行政の視点に立って、近隣の市町村がお互いの強みを生かしながら連携してイベントを開催することなどが求められる。地域スポーツコミッションには、地域連携の調整役としての役割も期待される。

（5）スポーツイベントとまちづくり事例

　スポーツイベントを都市経営に生かしていくためには、スポーツが資金を投じて運営しなければならない「**コストセンター**」から、お金を生み出すことのできる「**プロフィットセンター**」になることも重要である。経済的側面について、内閣府地方創生推進事務局が作成した「稼げるまちづくり取組事例集」には全国の「**稼げるまちづくり**」が 100 事例掲載されているが、この中で直接スポーツに関係しているのは、滋賀県守山市の「サイクルツーリズム拠点づくり」である。これは、自転車で琵琶湖一周を目指すサイクリストを対象に集客力を高めようとする取り組みである。この事例が参考になるのは、日常的な取り組みが必要ということである。スポーツイベントの開催を年に一度のお祭りで終わらせるのではなく、日常的な活動に継続的につながるストーリーづくりが必要といえる。スポーツイベントが開催される必然性が必要であり、琵琶湖一周のサイクリストが多く通過する守山市ならではの取り組みといえる。しかしながらその一方で、全国の「稼げるまちづくり」の 100 事例において、直接スポーツに関わる取り組みが 1 件しか存在していないことは、スポーツが稼げるコンテンツとして理解されていないとも捉えられることから、スポーツで収益をあげるノウハウの構築が必要であるといえよう。

　加えて、スポーツ庁はスポーツによる地域活性化推進事業を展開している。この事業報告書の中で高橋・冨山（2019）は、多くの事業は参加者を集める工夫に腐心していることを指摘している。全国各地で展開されているスポーツイベントが参加者の獲得に苦慮しているということは、そのイベントが住民のニーズに合っていないか、または広報などを含めてイベント参加のきっかけづくりが不十分であることが考えられる。したがって、イベントの内容を精査し、より参加者のニーズや実態に合った PDCA サイクルの適用が求められる。ここに示した「稼げるまちづくり」のほか、「運動スポーツ習慣化促進事業」をはじめ、スポーツイベントの開催によるまちづくりについては公的な支援策が用意されており、これらを上手に活用することが可能である。

　更に、サステナビリティの視点から、持続可能なイベント実施を考えることが重要である。財源確保や、ボランティアなどの人的資源の確保、そして参加者の募集などのいずれか一つでも無理をして実施するようなことがあれば、一度だけの実施ができてもそのイベントを継続することは困難である。

（6）スポーツイベントと都市経営の今後

　スポーツイベントは、その規模で分類するとメガスポーツイベントから市民参加型のグラスルーツイベントまで様々である。開催頻度では毎年開催されている定例イベントから一度だけ開催されるイベントまで、そして関わり方では市民参加型のものと観戦型のものなどに分類することができる。それらのイベントは、イベント開催地域で暮らす住民に対して様々なインパクトを与えるものである。

　スポーツイベントを地域活性化のために積極的に活用しようとする自治体が増えており、イベントマネジメントにも、経済的・社会的な波及効果によってイベントの運営会社が潤うだけではなく、その地域で暮らす住民の生活満足度の向上といった視点が求められるようになっている。スポーツイベントが地域にもたらす社会・経済的インパクトを丁寧に説明しながら、なくてはならないスポーツイベントに成長することで、イベント開催の持続可能性が確保されていくものと思われる。

≫ スポーツイベントとサステナビリティ、SDGs

　スポーツイベントは実社会と同様、様々な関係者との協働事業として成立している。これに加え、スポーツは人々を惹きつける力が強いことから、スポーツイベントを通じて社会的課題の解決につなげ、持続可能な社会を実現しようとサステナビリティへ取り組むイベントが増えている。現在、社会的課題の国際的な共通目標として掲げられているものがSDGsである。このような社会的背景の中でスポーツイベントを開催していくためにも、サステナビリティとSDGs、およびイベントの開催意義として語られるレガシーについて整理する。

▦ 15－2　イベントにおけるレガシー

（1）レガシーの考え方

1）レガシーの定義

　レガシー（legacy）とは、「イベントの後に残される結果」と定義される（ISO20121）。近年の社会情勢から、イベントにおいても開催意義や効果、あるいは開催による社会への影響を強く求められることが増えている。レガシーのつくり手、あるいはその発生を促進する立場にある主催者・制作者にとっては、「理念・目的を具現化したもの」と考えられる。他方、レガシーの受け手である社会として捉えた場合には「持続する付加価値」として考えられる。

2）スポーツイベントにおけるレガシー

　レガシーを最も多く意図的に創出するスポーツイベントは、オリンピックとパラリンピックであろう。国際オリンピック委員会（IOC）は、オリンピック憲章にレガシーを評価項目として追加しており、その考えを次のように示している。

> ・オリンピック・レガシーには、大きく「招致都市にもたらされるもの」と「オリンピックムーブメント全体にもたらされるもの」の2つがある。（IOC 2010）

> ・レガシーは一般的に「スポーツ」「社会」「環境」「都市」「経済」の5つのカテゴリーに分類することができる。さらに、これらのレガシーには、有形のものと無形のものがある。（IOC 2013）

（2）レガシーへの取り組み

1964年オリンピック・東京大会では、多くの競技場の新設に加え、首都高速道路、東名高速道路、東海道新幹線等の交通網やインフラが整備され、現在まで続くレガシーとして有名である。

スポーツイベントを公共インフラの整備機会として活用していた時代には、スポーツ施設や交通網などの有形のレガシーが注目されることが多かったが、成熟社会においては文化・教育、つながり等の無形のレガシーに重心を置くイベントも増えている。

例えば、2012年オリンピック・パラリンピック・ロンドン大会ではレガシーの一つにスポーツレガシーを掲げ、スポーツ文化の醸成に向けた取り組みを多方面に広げている。新しい学校スポーツ競技会「スクール・ゲームズ（School Games）」を開始するとともに、**運動不足の生徒に運動機会をもたらす「チェンジ・フォー・ライフ（Change4Life）」**事業の対象を拡大し、スクール・ゲームズなどのスポーツ参加を支援した。加えて、**地域のスポーツ施設の改修、スポーツボランティアの育成、スポーツ機会の提供等を推進する「プレイシズ・ピープル・プレイ（Places People Play）」**事業を実施し、地域コミュニティにおけるスポーツ参加を促進している。

これらは、イベントの主催者による取り組みだけでなく、開催を契機とする自発的な取り組みにも波及し、社会に根付いていくこともある。主催者はイベントの開催趣旨に基づきレガシーに計画的に取り組む必要があるが、レガシーが偶発的に形成されるような環境や機会を提供していくことも重要である。

レガシーの多様性を追求すると、その範囲は広がる一方であるため、取り組む範囲を定めていくことが有効である。例えば、スポーツイベントである以上、最初に考える領域はスポーツ施設やスポーツ振興を含めたレガシーであろう。また、取り組む際には「いつ」「どこで」「誰に」対して発生するレガシーであるのかを整理しておくことが有効である。

▦ 15 − 3　スポーツイベントにおけるサステナビリティ

（1）サステナビリティ（持続可能性）とは

1）サステナビリティとは

　サステナビリティ（sustainability）は「持続可能性」と訳され、環境、社会、経済の観点から持続可能な社会を実現していく考え方として使われる。1987年、国連の「環境と開発に関する世界委員会」（ブルントラント委員会）の最終報告書に「Sustainable Development（持続可能な開発）」という理念が盛り込まれたことで広く認知されるようになった。

　スポーツイベントには社会的効果があると同時に、それだけの影響力を持つ存在として社会的責任を併せ持つ。イベントの意義や価値を向上させるために、サステナビリティに取り組むイベントも増えている。例えば、世界トライアスロンシリーズ横浜大会は「トライアスロン・パラトライアスロンの街、横浜」を掲げ、サステナビリティに取り組むことで「まちづくり」につなげている。競技環境の改善が都市環境の維持・向上につながるとともに、横浜という観光特性を生かすことで経済的効果を高め持続可能なイベントとして地域に根付いている。

2）SDGsとスポーツイベント

① SDGsの策定背景

　現在、サステナビリティの目標として最も浸透しているのが**SDGs（Sustainable Development Goals：持続可能な開発目標）**である。**SDGsとは、2030年までに持続可能でよりよい世界を目指すために掲げた国際的な目標**である。2015年9月の国連サミットで採択された「持続可能な開発のための2030アジェンダ」の中心的内容であり、人間中心の「持続可能な開発」の重要性を踏まえ、17の目標と169のターゲットで構成され、その進捗を測定する232の指標がある。

② SDGsが目指すもの

　SDGsの全体像をつかむポイントは、次の3点である。

> ・貧困根絶と環境保全の両立
> ・不平等（格差）の是正
> ・全ての国・地域に適応される普遍的な取り組み

SDGs は、人類全員に影響する問題を包括しているとともに、各目標・ターゲットは相互につながっており、一つの課題が他の課題にも影響している。このことは「**誰一人取り残さない（No one will be left behind）**」という宣言にも表れている。

従来、国際的な目標は国家レベルで進められてきたが、SDGs は自治体、企業、個人などのあらゆるレベルでの取り組みが必要である。個人の選択が持続可能な社会の実現に影響を与えることを明示したことで、個人の意識や行動が変わり、自治体や企業の取り組みも更に活発になるという連鎖が発生しつつある。

③スポーツイベントと SDGs

国連は、スポーツが平和と開発を促すと考えており、SDGs の推進にもスポーツが必要不可欠なものとしている。

> スポーツもまた、持続可能な開発における重要な鍵となるものである。我々は、スポーツが寛容性と尊厳を促進することによる、開発および平和への寄与、また、健康、教育、社会包摂的目標への貢献と同様、女性や若者、個人やコミュニティの能力強化に寄与することを認識する。

▶ 出典：「持続可能な開発のための 2030 アジェンダ」2015

スポーツイベントは、SDGs の取り組み機会としても有効であることから、スポーツを行い健康的なライフスタイルを促進することが、17 の目標のうちの目標 3「すべての人に健康と福祉を」の実現につながり、スポーツ環境が整うことは、教育（目標 4）、ジェンダー（目標 5）、まちづくり（目標 11）等、他の目標にも波及することになる。

3）スポーツイベントで取り組む意義

①社会的課題との共通性

スポーツイベントの開催には、会場施設、経済基盤、人的資源、自然環境など、開催地の都市整備が必要である。スポーツイベントは社会と密接な関係にあり、開催する上での課題は開催地域が抱えている社会的課題に通じていることが多い。2012 年オリンピック・パラリンピック・ロンドン大会以降、FIFAワールドカップの運営において人権や労働安全への取り組みを強めたり、ス

キーワールドカップ等のウィンタースポーツイベントが地球温暖化対策に取り組んでいる。

　例えば、スポーツイベントを開催するためにスタジアムやアリーナが必要である場合、日常的に活用できるまちづくりを基にして計画・準備を進めることとなる。加えて、施設維持やイベント運営などで、膨大な電力やプラスチックを消費していることに対しては、環境負荷の軽減につながる取り組みが運営のポイントになる。もちろん、環境だけでなく経済的に自立していることや、社会問題への配慮も必要である。

②拡散性・伝播性の高さ

　スポーツイベントは、多様な地域から参加者や来場者が集まり、世代の幅も広い。サステナビリティをイベントで実践することによる直接的な効果だけでなく、イベントに共感した参加者・来場者がその成果や取り組みを拡散することによる波及効果も期待できる。加えて、メディアコンテンツとしての影響力も大きく、更なる情報発信も期待できる。

　地球規模といわれるイベントの多くはスポーツイベントである。オリンピック・パラリンピック、FIFA ワールドカップ、ラグビーワールドカップ等のメガスポーツイベントを頂点として、国内大会、地域大会と身近なレベルにまでつながっていることもスポーツイベントの特徴である。こうした縦横の伝播性を持っていることもスポーツイベントが社会的課題に取り組むことに適している理由である。

（2）サステナビリティへの取り組み

1）サステナブルなイベントマネジメント

　社会全体がサステナビリティを志向している時代において、イベントにおいても長期的な視点によるイベントが強く求められる。サステナビリティやレガシーは大きく捉えるほど難しくなる。そのため、大規模なイベントや予算に余裕のある主催者が取り組めばよいという考えを持つ人もいる。しかし、社会的課題は身近なものから大規模なものまで様々であり、それらが全てつながっている。

　例えば、健康増進は個人の生活だけでなく、国や地域の社会保障にもつながる重要なテーマである。健康増進には運動習慣が有効であると考えられている。

スポーツイベントに親子参加のカテゴリーを設けたり、体験教室を開催したりすることで、運動習慣のある人の増加につなげることができる。また、様々な競技レベルのイベントを開催することで参加のモチベーションを維持・向上させ、運動の習慣化につなげられると考えられる。

　また、イベント自体を持続可能にしていくために、「持続不可能」となる要素から対応していくことがわかりやすい。マラソン大会やロードレースなど道路を使用するイベントの場合、道路交通法等の法律・条例を遵守するだけでなく、沿道の住民や企業・店舗の要望にも対応していく必要もある。イベントの開催が地域に対して一方的な負担になるのではなく、開催地にどのようなレガシーを残していくのかをともに考えていくことで、持続可能なイベントとして継続開催につなげていくことができる。スポーツイベントの競技レベルを高めていくのか、観光コンテンツとして幅広い層への参加を呼びかけていくのか、地域の行事として伝統的に続けていくのかによっても方向性は大きく異なる。

2）国際標準規格、ガイドライン

　イベントマネジメントにサステナビリティを組み込むことを目的とした国際規格に ISO20121 がある。ISO20121 は、イベント運営における社会的責任と環境マネジメントシステムに関する要求事項を定めている。2012 年オリンピック・パラリンピック・ロンドン大会が認証を取得したことにより、世界各国で知られるようになった。2020 年東京オリンピック・パラリンピック競技大会組織委員会もこの認証を取得している。

　ISO はやるべきことが示されるチェックリストではなく、自身のマネジメントシステムを構築・運用するための規格であるため、初めて取り組む際に有効である。実際、オリンピック・パラリンピックをはじめ、国際スポーツイベントでも活用が進められている。

　また、競技団体がサステナビリティ方針やガイドラインを作成していることもある。ここで示されている内容を参考にして取り組んでいくことも有効である。2020 年の新型コロナウイルス感染症（COVID-19）の世界的な拡大を受けて、各競技団体は大会開催に関するガイドラインを作成している。新型コロナウイルス感染症が収束しても、いつまた類似の事象が発生するかはわからない。これからのスポーツイベントのあり方としても留意していく必要がある。

■ 引用・参考文献一覧 ■

- 高橋享兵・冨山浩三 "運動・スポーツ習慣化事業に関する事例研究"「日本生涯スポーツ学会第21回大会 大会プログラム・抄録集」2019年
- Taks, M. "Social sustainability of non-mega sport events in a global world" *European Journal for Sport and Society.* Vol. 10, No. 2　2013
- Taks, M., Calip, L., & Green, C., "Impacts and strategic outcomes from non-mega sport events for local community" *European Sport Management Quarterly.* Vol. 0, No. 0　2014
- 冨山浩三 "チーム・アイデンティティ構築におけるチーム・レピュテーションとセンス・オブ・コミュニティの影響：J2リーグ所属サッカークラブサポーターの事例"「スポーツ産業学研究」第24巻第2号
- IOC "OLYMPIC LEGACY"
  https://stillmed.olympic.org/Documents/Olympism_in_action/Legacy/2013_Booklet_Legacy.pdf　2021年1月現在
- 間野義之『オリンピック・レガシー＝Olympic Legacy：2020年東京をこう変える！』ポプラ社 2013年
- LOCOG. *London 2012 Olympic Games Official Report.* 2014
- 自治体国際化協会「2012年ロンドンオリンピック・レガシーの概要」2014年
  http://www.clair.or.jp/j/forum/pub/docs/402.pdf　2021年1月現在
- FIFA and the 2018 FIFA World Cup Russia™ Local Organising Committee. *Sustainability Strategy 2018 FIFA World Cup™.* 2015
- 杉元宣文 責任編集・間野義之 監修『スマート・ベニューハンドブック：スタジアム・アリーナ構想を実現するプロセスとポイント』ダイヤモンド・ビジネス企画 2020年
- 国際連合「持続可能な開発のための2030アジェンダ」2015年
  （外務省による仮訳）
  https://www.mofa.go.jp/mofaj/files/000101402.pdf　2021年1月現在
- GRI・国連グローバルコンパクト・WBCSD（GCNJ・IGES 訳）「SDGs Compass：SDGsの企業行動指針 -SDGsを企業はどう活用するか-」2016年
- ドネラ・H・メドウズ、枝廣淳子 訳『世界はシステムで動く：いま起きていることの本質をつかむ考え方』英治出版 2015年
- 村上芽・渡辺珠子『SDGs入門』日本経済新聞出版社 2019年

Index | さくいん

※ 太数字は，該当ページが複数ある場合の
重要参照ページを表します。

■ 監修
　一般社団法人日本イベント産業振興協会（JACE）
　新版スポーツイベント検定公式テキスト制作委員会

■ 編著者
　野川 春夫　　順天堂大学 名誉教授
　　　　　　　　　武庫川女子大学 学術顧問

■ 執筆者（五十音順）

　伊藤 央二　　中京大学 スポーツ科学部 准教授
　　　　　　　【第 10 節】

　岡星 竜美　　目白大学 メディア学部 特任教授
　　　　　　　【第 7 節】

　上　梓　　　一般社団法人日本作業療法士協会
　　　　　　　【第 12 節】12-1 〜 12-5

　北原 利行　　株式会社電通 電通メディアイノベーションラボ 研究主幹
　　　　　　　法政大学大学院 社会学研究科 兼任講師
　　　　　　　【第 4 節】4-6 〜 4-7、【第 9 節】9-3、【第 14 節】

　工藤 保子　　大東文化大学 スポーツ・健康科学部 スポーツ科学科 准教授
　　　　　　　【第 13 節】

　工藤 康宏　　順天堂大学 スポーツ健康科学部 先任准教授
　　　　　　　【第 2 節】、【第 5 節】

　越川 延明　　株式会社セレスポ コーポレート本部 人事総務部長 兼 広報室長
　　　　　　　【第 6 節】、【第 15 節】15-2 〜 15-3

　佐藤　潤　　日本体育大学 スポーツマネジメント学部 教授
　　　　　　　【第 8 節】

　上代 圭子　　東京国際大学 人間社会学部 准教授
　　　　　　　【第 1 節】

　冨山 浩三　　大阪体育大学 体育学部 教授
　　　　　　　【第 15 節】15-1

　久田 晴生　　スポーツ庁 健康スポーツ課 連携推進係長
　　　　　　　【第 3 節】

　松本 耕二　　広島経済大学 経営学部 スポーツ経営学科 教授
　　　　　　　【第 12 節】12-6 〜 12-8

　間藤 芳樹　　羽衣国際大学 客員教授
　　　　　　　【第 4 節】4-1 〜 4-5

　宮本 和幸　　株式会社ＴＢＳテレビ 編成考査局 担当部長
　　　　　　　順天堂大学 スポーツ健康科学部 非常勤講師（メディア論）
　　　　　　　【第 9 節】9-1 〜 9-2

　山口 志郎　　流通科学大学 人間社会学部 准教授
　　　　　　　【第 11 節】

スポーツイベント検定公式テキスト
スポーツイベントの企画・運営に携わる人のための教科書

2021年4月　　第1版　第1刷

監　修　一般社団法人日本イベント産業振興協会（JACE）
　　　　新版スポーツイベント検定公式テキスト制作委員会
発行者　石井　直
発行所　一般社団法人日本イベント産業振興協会
　　　　東京都千代田区一番町 13-7 一番町ＫＧビル3階
　　　　http://www.jace.or.jp
発売元　株式会社ＵＤジャパン
　　　　東京都港区港南 2-12-27
　　　　TEL 03-5769-0212　　FAX 03-5460-0240
　　　　http://www.ud-japan.com
　　　　郵便振替口座　00150-6-358542
印刷所　株式会社シナノ

落丁・乱丁、その他不良な品がございましたら、お取り替えいたします。
お買い求めの書店か小社へお申し付けください。

©2021　Japan Association for the Promotion of Creative Events
無断転載・無断複写複製（コピー）を禁ず。
ISBN978-4-901173-37-7 C2036